# Abfragen, SVerweis, XVerweis & Co.

Finden und Zuordnen in Excel 365

Ina Koys

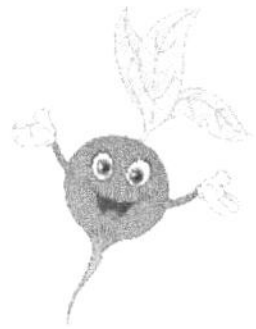

**kurz & knackig, Band 24**

# Inhalt

# 0 Womit wir uns hier beschäftigen werden

Excel-Arbeitsblätter enthalten oft lange Listen von Daten. Es stecken alle wichtigen Informationen irgendwo darin - ob und wie schnell man sie findet, ist dann die zweite Frage. Und wenn man sie gefunden hat, müssen sie oft noch aufbereitet werden.

Deshalb sehen wir uns hier bekannte, weniger bekannte und ganz neue Filtermöglichkeiten an, Auswertungen mit Datenbankfunktionen und diverse Möglichkeiten, Bedingungen abzufragen.

Die Excel-Version 365 bietet darüber hinaus auch noch ganz neue Funktionen, von denen wir hier auch ein paar passende ansehen werden.

Die Beispieldateien zu diesem Heft können Sie herunterladen unter

www.kurzundknackig.online

Viel Spaß dann beim Finden neuer Erkenntnisse!

# 1 Autofilter

Der Autofilter ist ein bekanntes und häufig verwendetes Werkzeug, Informationen in der Tabelle zu finden. Vielfach werden die Möglichkeiten aber nicht ansatzweise ausgereizt. Sehen wir uns deshalb zum Einstieg alle seine Möglichkeiten an. Dazu habe ich eine kleine Tabelle mit der Tabellenformatierung bearbeitet – also hineingeklickt und aus der Registerkarte **Start** eine passende Formatierung gewählt.

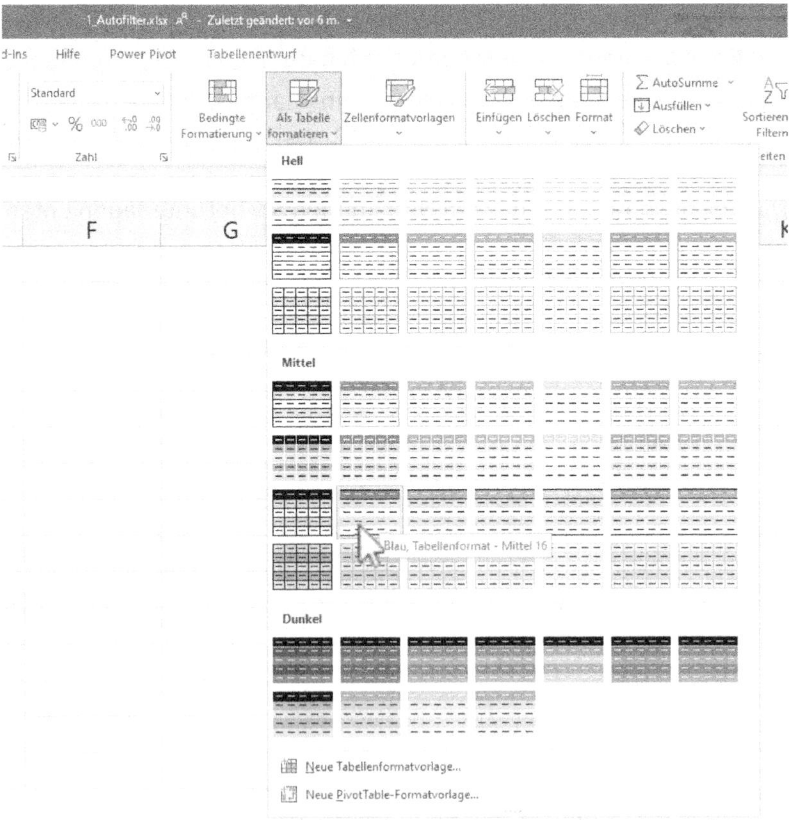

Die Tabellenformatierungen sind ein sehr nützliches Werkzeug, das weit mehr kann als nur bunte Farben verteilen. Mehr dazu finden Sie im Band 14 dieser Reihe, „Arbeit für Doofe sparen". Deshalb will ich hier gar nicht in die Tiefe gehen, wir kommen nachher noch einmal kurz darauf zurück. Nach dem Klick auf die entsprechende Tabellenvorlage sollte das Beispiel also in etwa so aussehen.

| | A | B | C | D |
|---|---|---|---|---|
| 1 | Name | Ergebnis | Stichtag | |
| 2 | Meier | 403 | 18.06.2020 | |
| 3 | Müller | 372 | 24.09.2020 | |
| 4 | Schulze | 487 | 10.11.2020 | |
| 5 | Krause | 410 | 04.01.2021 | |
| 6 | Demirel | 192 | 22.07.2020 | |
| 7 | Kaminski | 212 | 25.02.2021 | |
| 8 | | | | |

Wir haben also eine kleine Liste von Namen (aus Excel-Sicht: Texten), Zahlen und Datumsangaben. Diese hier ist noch ganz übersichtlich, aber hätten wir die gute Million Zeilen, die moderne Excel-Versionen fassen können, sähe die Sache schon ganz anders aus.

Wir wollen jetzt also feststellen, ob in der Liste der Name **Krause** auftaucht. Dazu reicht es völlig auf den Klapppfeil zu klicken und im Suchfenster loszuschreiben. Ggf. vorhandene Einträge werden gefunden, sofern sie die eingetippte Zeichenkette enthalten – gern auch irgendwo in der Mitte.

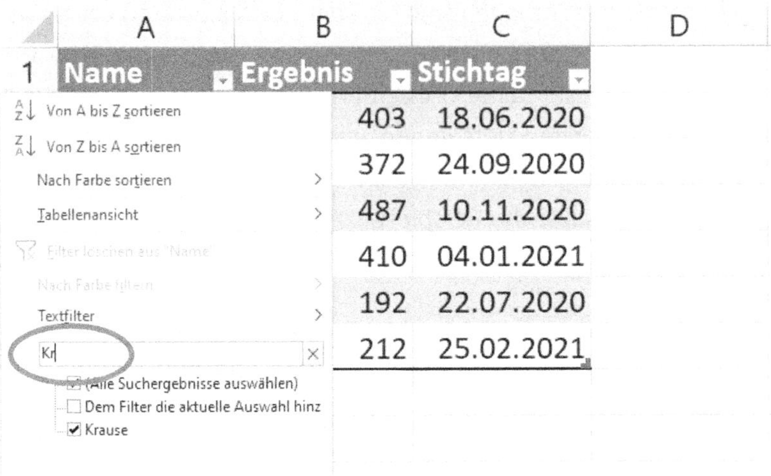


Sofern es etwas spezieller sein soll, gibt es den Menüpunkt **Textfilter**, der zwar immer in den benutzerdefinierten Filter führt, aber schon ein paar Abkürzungen bietet.

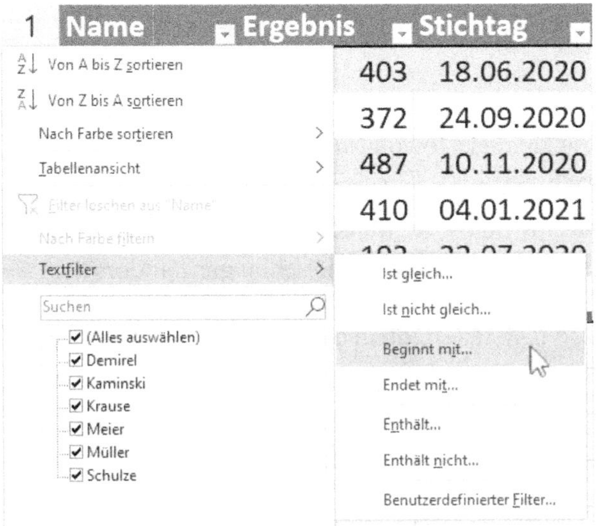

Es sollen jetzt z.B. alle Namen gefunden werden, die mit **K** anfangen und mit **i** enden. Der Klick auf **Beginnt mit ...** führt in dasselbe Dialogfenster wie immer und setzt nur eine Voreinstellung im Klappfenster. Den zweiten Wunsch müssen wir selbst heraussuchen und natürlich die gewünschten Buchstaben eintragen.

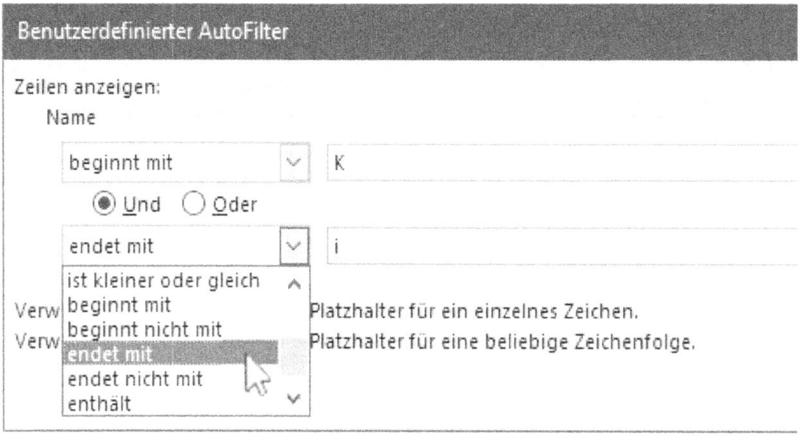


Nach Klick auf **OK** wird in der Tabelle nur noch Kaminski angezeigt. Und falls nicht so ganz klar sein sollte worauf eigentlich gefiltert wurde, sehen wir jetzt bei **Name** ein Filtersymbol, das bei Draufhalten der Maus auch erklärt wird.

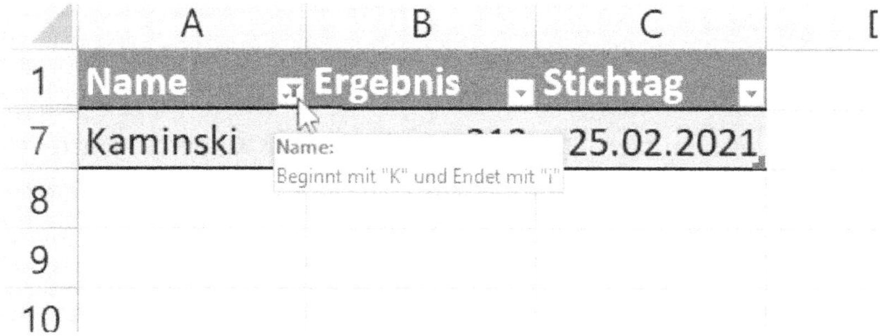

Außerdem ist an der Seite zu erkennen, dass die Zeilennummerierung scheinbar einen Sprung hat. Hier kommt das durch den Filter, es gäbe aber noch andere mögliche Ursachen. Dass diese Zeilen tatsächlich fehlen, ist ausgeschlossen. Zeilennummerierungen sind immer kontinuierlich.

Um jetzt den Filter wieder zu entfernen, hilft u.a. ein Klick auf **Filter löschen**.

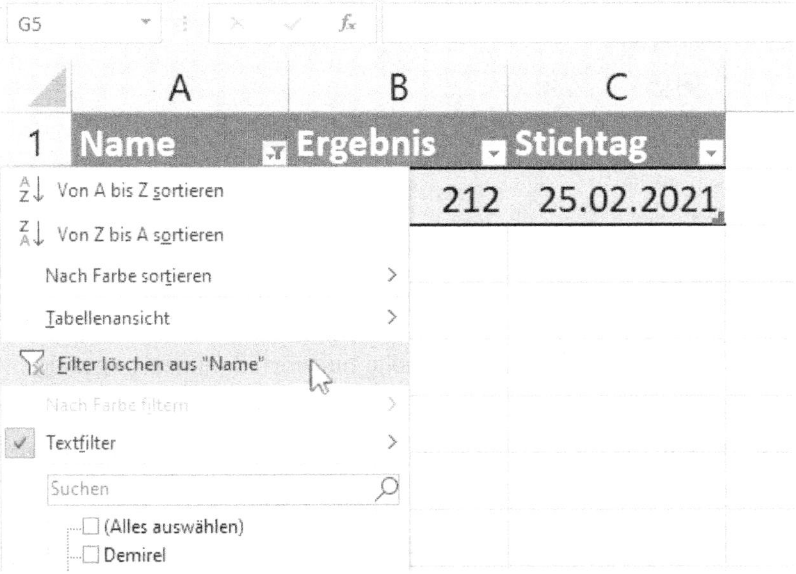


Natürlich gibt es diverse weitere Filtermöglichkeiten, die sich im Fenster des benutzerdefinierten Filters über das Klappfeld einstellen lassen. Sie sind weitgehend selbsterklärend. Es funktionieren auch die größer/kleiner-Varianten, wobei B größer ist als A.

Aber sehen wir uns ein paar weniger selbsterklärende Varianten an. Nehmen wir z.B. an, Sie suchen alle Einträge die mit **M** anfangen und alle, die mit **D** anfangen. Häufig wird das beim ersten Mal schiefgehen, weil ein kleines Detail übersehen wird. Wichtig ist an dieser Stelle nämlich die Verknüpfungsart der beiden Abfragen.

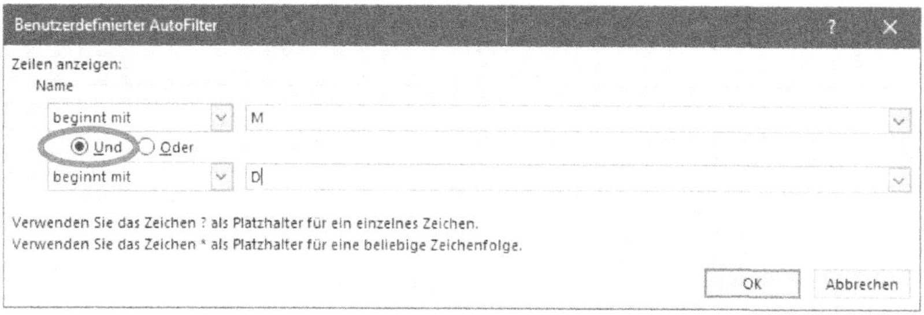


Standardmäßig ist die Variante **Und** hinterlegt. Das bedeutet, dass beide Bedingungen gleichzeitig zutreffen müssen, damit ein Ergebnis geliefert wird. Es kann aber kein Wort sowohl mit **M** als auch mit **D** anfangen. Deshalb muss hier zwingend die Variante **Oder** gewählt werden, dann klappt die Sache.

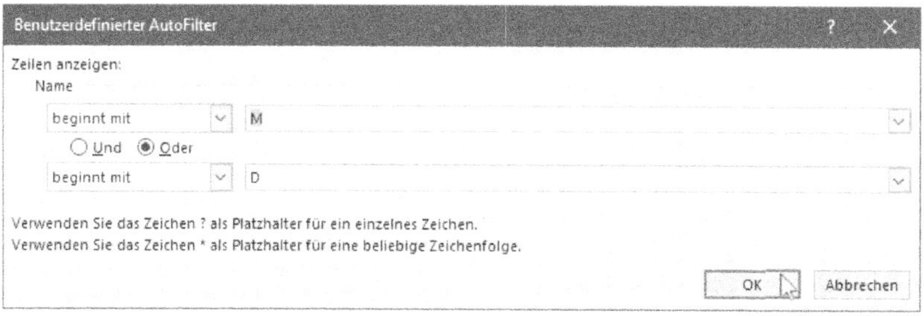


Oder wählen wir eine andere Variante: Sie suchen vielleicht nicht in einer Namensliste, sondern bei Artikelnummern. Dort haben Bezeichnungen oft einen sachlichen Hintergrund, der nur den Fachleuten etwas sagt. Dazu brauchen wir vielleicht alle Einträge, die an der 2. Stelle ein **e** haben. Hier hilft es uns jetzt nicht auszuwählen „enthält e", denn dann bekommen wir alle Einträge, die irgendwo ein **e**

enthalten. Die Lösung des Problems steht schon im Dialogfenster, wird aber gern übersehen: es gibt Jokerzeichen. Das bekanntere von beiden ist das Sternchen (*), das uns hier nicht weiterhilft. Um exakt die 2. Stelle anzusprechen, braucht man das Fragezeichen, das für **genau ein Zeichen** steht. Dann sollte das Fenster z.B. so aussehen:

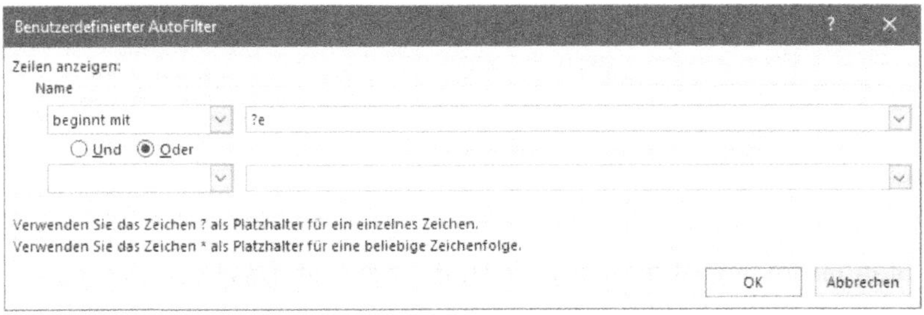


Das Ergebnis fällt dann aus wie gewünscht.

| | A | B | C |
|---|---|---|---|
| 1 | Name | Ergebnis | Stichtag |
| 2 | Meier | 403 | 18.06.2020 |
| 6 | Demirel | 192 | 22.07.2020 |
| 8 | | | |

Beide gefundenen Einträge haben das **e** an der zweiten Stelle, weitere e's sind gleichgültig. Mit Hilfe der korrekten Anzahl Fragezeichen können Sie sich dann die Abfragen beliebig zusammenbauen. Allerdings immer nur mit zwei verschiedenen Kriterien pro Spalte, mehr erlaubt der Autofilter nicht. Sofern Sie mehr Kriterien wünschen, geht das z.B. mit dem Spezialfilter, den wir uns im Kapitel 2 ansehen.

Aber klären wir gleich einmal, warum wir am Anfang die Tabellenformatierung verwendet hatten. Denn wahrscheinlich werden Sie den gefundenen Ergebnissen ja bestimmte Aussagen entlocken wollen.

Klicken Sie dazu in den Bereich der Einträge der Tabelle. Dann sehen Sie oben im Menüband rechts sehr dezent die Registerkarte **Tabellenentwurf** – vielleicht müssen Sie sie noch durch Klick auf ihren Titel nach vorn holen. Klicken Sie dann in das Kästchen **Ergebniszeile**. Damit wird Ihre Tabelle unten um diese Zeile ergänzt.

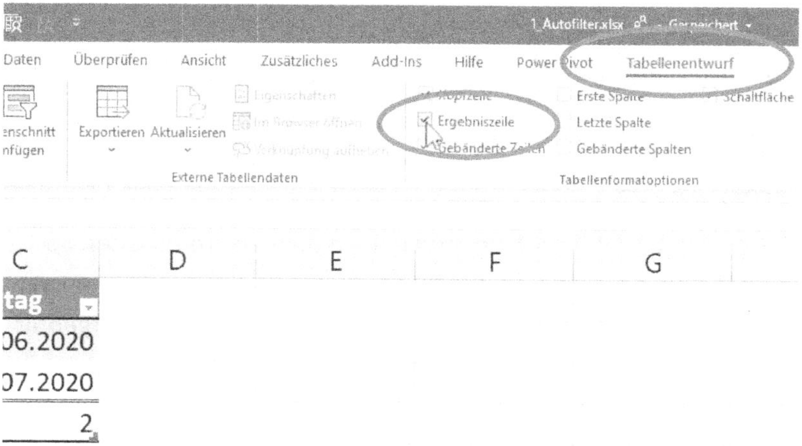


In der jetzt eingeblendeten Ergebniszeile können Sie per Mausklick auswählen, welche Art von Ergebnis Sie gern hätten. Verschiedene gängige Funktionen stehen hier zur Verfügung, auf die Sie sich immer verlassen können, es wird bei jeder Filteränderung automatisch aktualisiert. Auf diese einfache Art bekommen Sie die gewünschten Resultate nur über die Ergebniszeile der Tabellenfunktion.

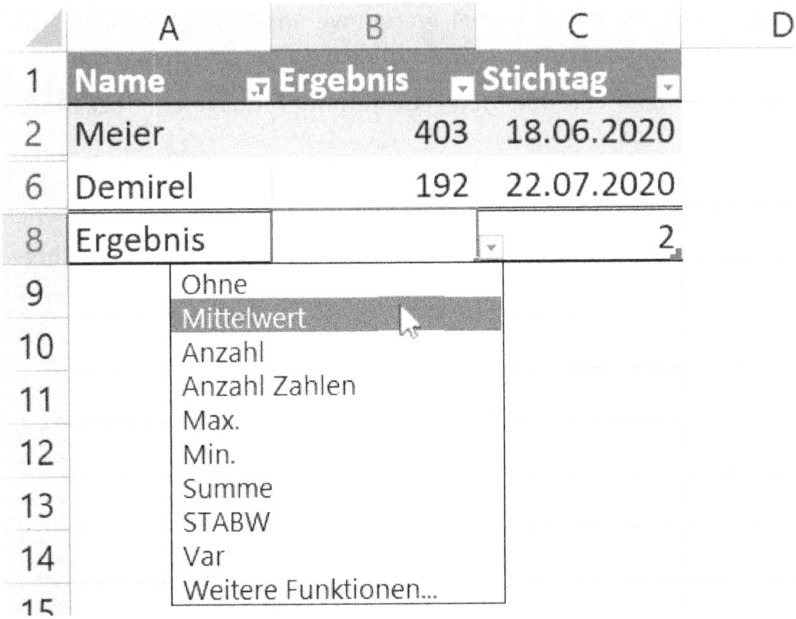


Sehen wir uns jetzt noch an, was man in den anderen Spalten bei Bedarf noch einstellen kann. Dazu lasse ich vorerst den Filter in der Namensspalte. Wenn ich jetzt den Klapppfeil in der Spalte **Ergebnis** klicke, bekomme ich nur 2 Werte angeboten. Nämlich die, die nach Anwendung des anderen Filters noch übrig sind. Die Filterkriterien bilden also Schnittmengen. Brauchen wir Alternativen („Fange mit S an <u>oder</u> habe ein Ergebnis über 350“), sind wir wieder beim Spezialfilter, auf den wir noch zu sprechen kommen.

Ich könnte jetzt – wie auch bei allen anderen Autofiltern – einfach das Häkchen aus **(Alles auswählen)** entfernen und in einen beliebigen Eintrag setzen, wenn nur dieser mich interessiert. Ich sehe aber dass dort, wo vorher **Textfilter** im Menü stand, jetzt **Zahlenfilter** zu lesen ist.

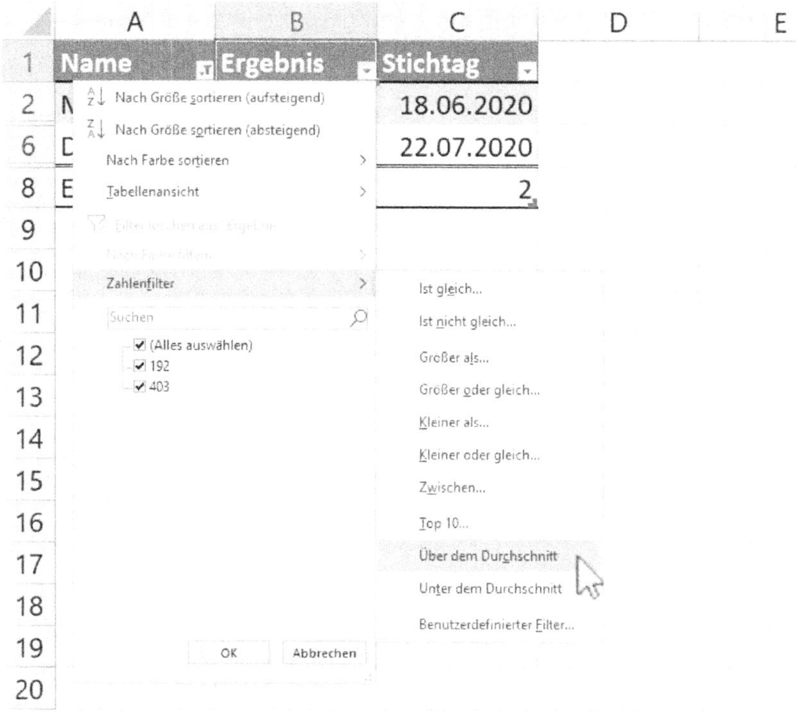


Die oberen Einträge sind wieder ziemlich eindeutig, wobei das **Zwischen...** nach wie vor ein Microsoft-Zwischen ist, also eigentlich ein von-bis. Interessant sind jetzt aber die Einträge im unteren Drittel. Ein Klick auf **Über dem Durchschnitt** reduziert die Tabelle im Moment noch auf eine Zeile.

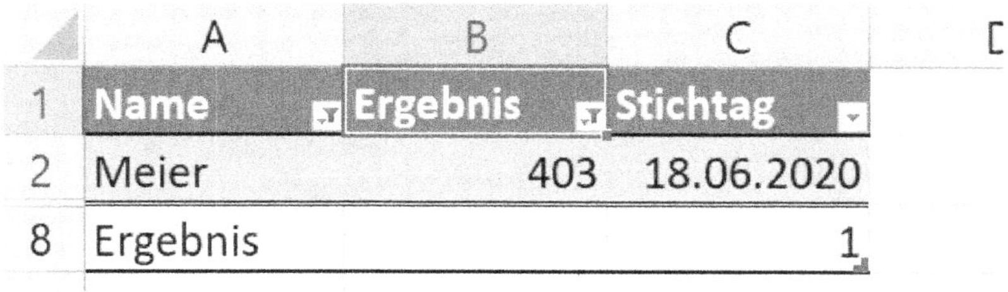

Wenn ich aber den Filter in der Namensspalte jetzt entferne,

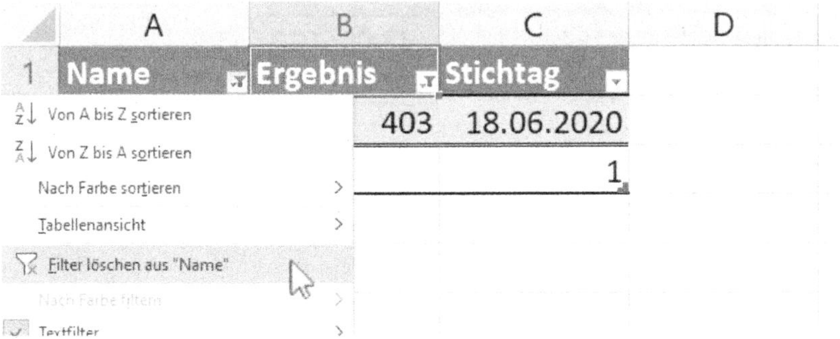


bekomme ich alle Einträge, die überdurchschnittliche Ergebnisse erzielt haben. Dass es nicht notwendigerweise die Hälfte der Anzahl ist, ist normal. Das Ergebnis ist immer korrekt.

Alternativ wollen wir vielleicht jetzt die besten beiden sehen – egal, wie gut sie nun tatsächlich waren. Dafür gibt es den **Top 10...**-Filter, der keineswegs auf 10 Einträge begrenzt ist. Sie können im folgenden Dialogfenster beliebige Zahlenwerte eintragen, die obersten oder untersten wünschen oder auch – wie in den Tabellen der Praxis vielleicht lebensnäher – einen Prozentsatz wählen. Für unser Beispiel wähle ich die obersten 2 Elemente.

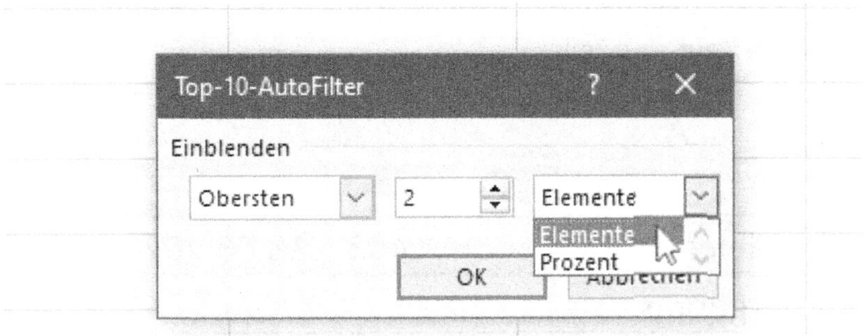

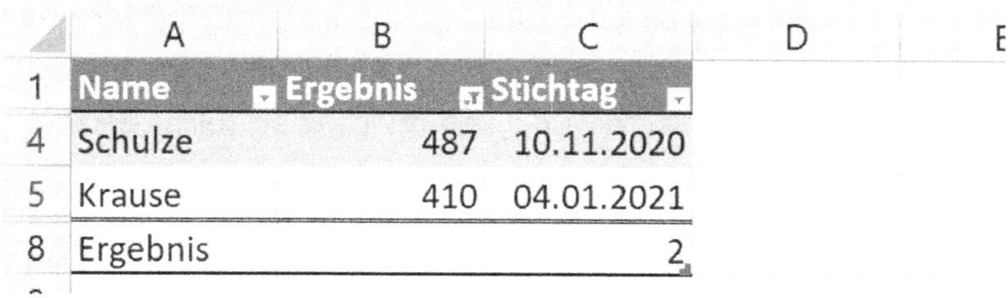


Als letztes Beispiel zum Autofilter wollen wir uns dann noch ansehen, was es für Möglichkeiten in Datumsspalten gibt. Selbstverständlich können dort ebenso Eingrenzungen über den benutzerdefinierten Filter vorgenommen werden, aber für viele Filterwünsche werden sich die Möglichkeiten aus dem Kontextmenü praktischer verwenden lassen.

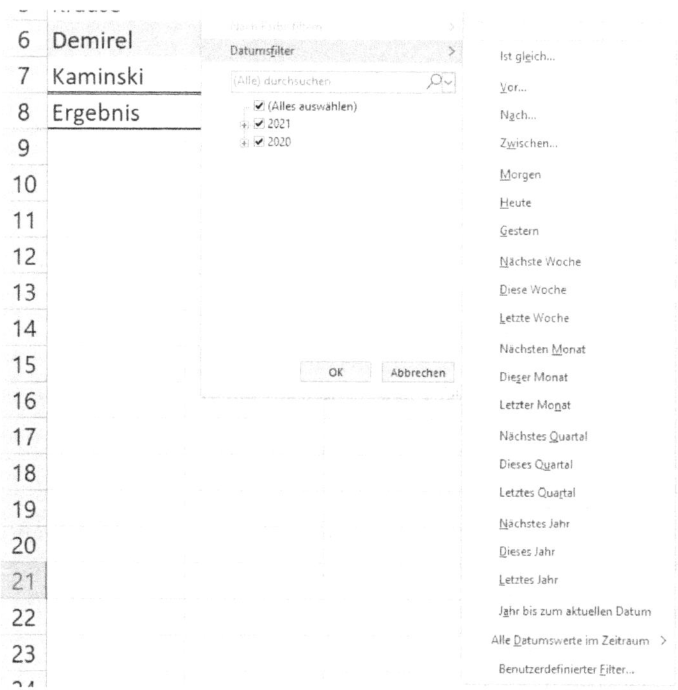

Hier sind so viele Datumsintervalle angeboten, dass der gewünschte Zeitraum wahrscheinlich per Mausklick auswählbar ist. Voraussetzung ist natürlich immer, dass die Datumsspalte als solche erkannt wird.

Zum Abschluss jetzt noch eine Neuigkeit in Excel 365: die **Tabellenansicht**.

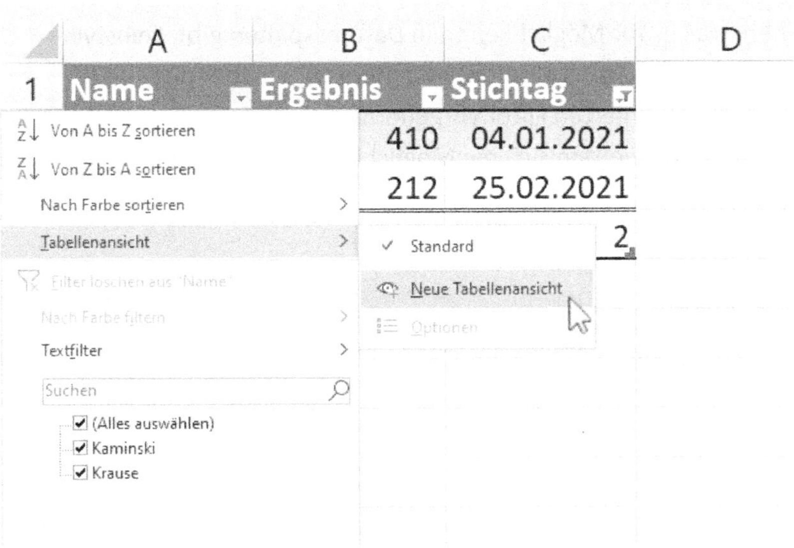


Sie entstand vor dem Hintergrund, dass in Cloud-Speicherorten mehrere Nutzer gleichzeitig auf eine Arbeitsmappe zugreifen können und sich beim Filtern womöglich gegenseitig stören, wenn jemand etwas filtert, das andere nicht interessiert. Deshalb können jetzt Ansichten gespeichert werden. Nach einem Klick auf **Neue Tabellenansicht** ändert sich schon die Optik, die an das aktivierte Feature erinnert. In der Registerkarte **Ansicht** kann ich die eingestellte Tabellenansicht jetzt auch speichern.

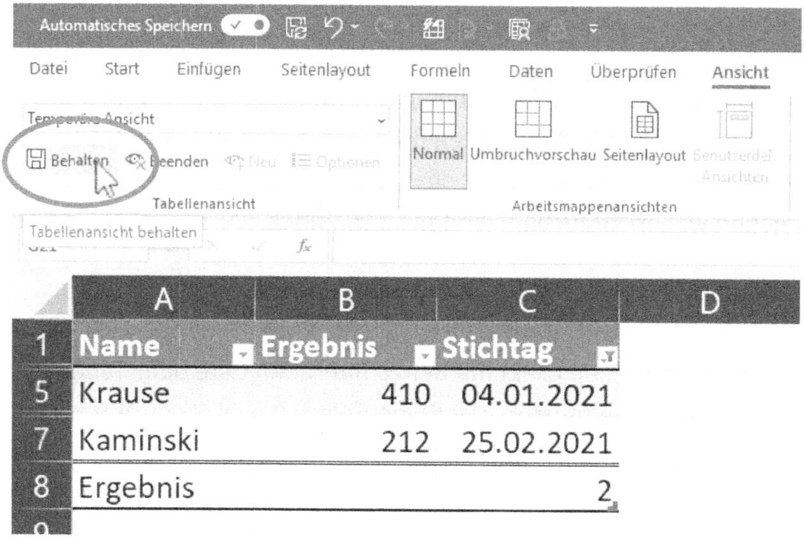


Nach dem Speichern sind dann auch die **Optionen** aktiv, deren Möglichkeiten allerdings noch ausbaufähig sind.

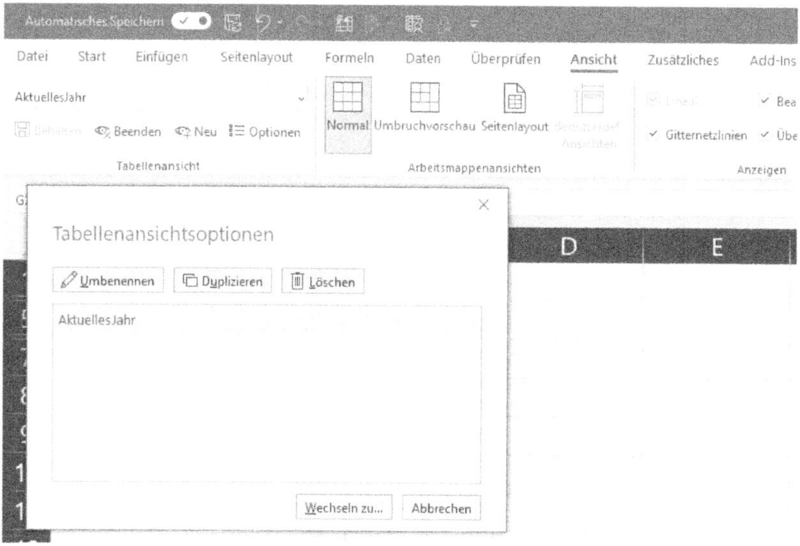

# 2 Spezialfilter

Der Autofilter kann schon einmal eine Menge. Wenn wir aber alternative Abfragen in den Spalten brauchen, mehr als 2 Kriterien gleichzeitig haben oder aber die Ergebnisse auf ein anderes Blatt ziehen wollen, brauchen wir den Spezialfilter.

Inhaltlich ähnelt unser neues Beispiel dem von eben, hier gibt es aber noch den **Kriterienbereich**. Wichtig am Kriterienbereich ist, dass die Kopfzeilen exakt mit der zu filternden Liste oder Tabelle übereinstimmen müssen. Die Reihenfolge ist egal, es dürfen auch Spalten fehlen, aber Tippfehler oder ähnliches würden die Funktion beeinträchtigen. Deshalb habe ich den Kopf einfach kopiert. Der Kriterienbereich sollte immer entweder über oder unter der zu filternden Tabelle stehen, da er sonst womöglich einmal durch die Filterung verschwindet.

| | A | B | C | D | E |
|---|---|---|---|---|---|
| 1 | Name | Ergebnis | Stichtag | | |
| 2 | Meier | >300 | | | |
| 3 | D* | | | | |
| 4 | | | | | |
| 5 | | | | | |
| 6 | Name | Ergebnis | Stichtag | | |
| 7 | Meier | 403 | 01.04.2017 | | |
| 8 | Müller | 372 | 01.06.2017 | | |
| 9 | Schulze | 487 | 15.11.2016 | | |
| 10 | Krause | 410 | 01.07.2017 | | |
| 11 | Demirel | 192 | 10.02.2017 | | |
| 12 | Meier | 212 | 01.08.2017 | | |

Mich interessieren jetzt Meiers Ergebnisse, sofern sie über 300 liegen und alle Ergebnisse aller Namen, die mit D anfangen. Das ließe sich so in einem Autofilter nicht machen. Dafür schreibe ich alle Kriterien, die **gleichzeitig** zutreffen müssen, in **dieselbe** Zeile, alle **Alternativen** in **andere** Zeilen. Das **A** am Anfang von **Alternative** und **andere Zeile** kann hier als Gedächtnisstütze dienen. Schreiben Sie immer in zusammenhängende Zeilen, Spalten können gern leer bleiben.

Nachdem so alles vorbereitet ist, gehe ich in die Registerkarte **Daten** und wähle im Bereich **Sortieren und Filtern** das Symbol **Erweitert...**

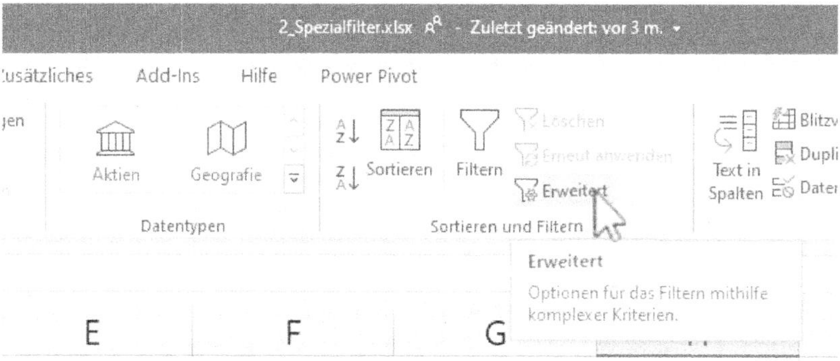


Im darauffolgenden Fenster **Spezialfilter** sollten Sie sich mit relativen und absoluten Bezügen auskennen (erklärt Band „Arbeit für Doofe sparen" dieser Reihe), notfalls geht es hier aber auch ohne. Falls Ihnen die Dollarzeichen in den Zellbezügen nichts sagen, tun Sie vorerst, als wären sie nicht da.

Wir werden also nach zwei Bereichen gefragt. Der Listenbereich ist die Wertetabelle mit ihrem Tabellenkopf. Der Kriterienbereich ist die Stelle, an der wir die Filterkriterien hinterlegt haben, im Beispiel also die Zeilen 1-3. Auch hier muss die Kopfzeile in die Markierung eingeschlossen werden.

Kenne ich mich mit Bezügen aus, kann ich die jeweiligen Bereiche eintippen. Erheblich einfacher ist es aber normalerweise, zunächst zur Aktivierung in das Eingabefeld zu klicken und dann mit gedrückter linker Maustaste über den gewünschten Bereich zu streichen. Das geht überall, wo das Eingabefeld ein Pfeilsymbol am Ende hat. Dieses Symbol sagt mir, dass ich aus dem Dialogfenster einfach herausklicken kann und den gewünschten Bereich einfach mit gedrückter linker Maustaste überstreichen. Dabei klappt sich das Dialogfenster zusammen und wieder auf, sobald ich die Maustaste wieder loslasse.

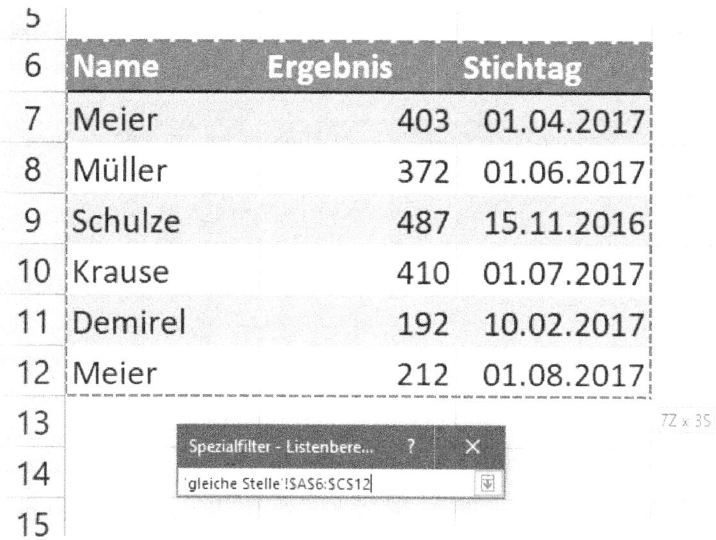

| | | | |
|---|---|---|---|
| 5 | | | |
| 6 | Name | Ergebnis | Stichtag |
| 7 | Meier | 403 | 01.04.2017 |
| 8 | Müller | 372 | 01.06.2017 |
| 9 | Schulze | 487 | 15.11.2016 |
| 10 | Krause | 410 | 01.07.2017 |
| 11 | Demirel | 192 | 10.02.2017 |
| 12 | Meier | 212 | 01.08.2017 |
| 13 | | | |
| 14 | | | |
| 15 | | | |



Wieder im Fenster **Spezialfilter** angekommen, werden mir nach Klick auf **OK** nur noch die Einträge angezeigt, die den oben beschriebenen Wünschen entsprechen.

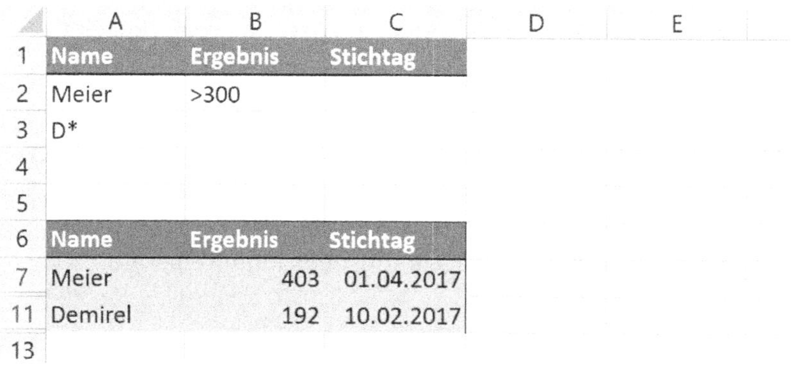

| | A | B | C | D | E |
|---|---|---|---|---|---|
| 1 | Name | Ergebnis | Stichtag | | |
| 2 | Meier | >300 | | | |
| 3 | D* | | | | |
| 4 | | | | | |
| 5 | | | | | |
| 6 | Name | Ergebnis | Stichtag | | |
| 7 | Meier | 403 | 01.04.2017 | | |
| 11 | Demirel | 192 | 10.02.2017 | | |
| 13 | | | | | |

Der zweite Eintrag für Meier, der unter 300 liegt, wird nicht angezeigt. Für Demirel ist kein spezielles Ergebnis verlangt, deshalb ist die Zelle **B3** leer.

Um den Filter wieder zu löschen, klicken Sie in der Registerkarte **Daten** auf **Löschen**.

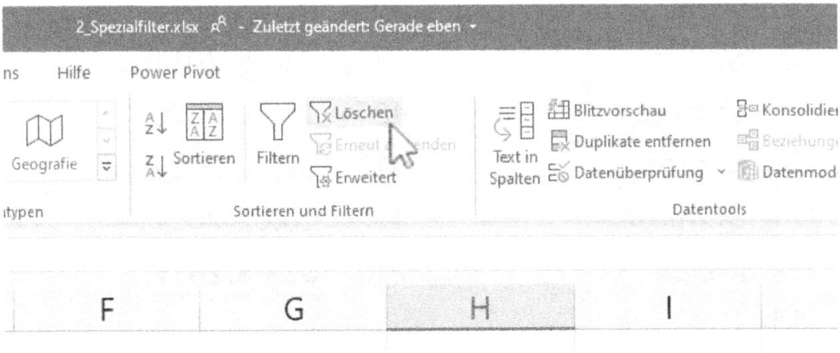


Danach sind alle Tabelleneinträge wieder eingeblendet. Sie können jetzt nach Belieben andere Kriterien definieren, müssen aber dann den Spezialfilter immer wieder neu ausführen.

Sie können im Kriterienbereich gern beliebig viele Zeilen verwenden. Sie müssen dann aber beim Neuaufruf des Filterfensters aufpassen, dass keine leere Zeile enthalten ist. Zur Erinnerung: im Kriterienbereich stehen Einschränkungen! Eine leere Zeile bedeutet also „Zeig alles an!". Damit werden zwar alle sonstigen Kriterien trotzdem ausgeführt, das Ergebnis unterscheidet sich aber nicht von einer ungefilterten Liste.

Bei den Kriterien können Sie alle sonst bekannten Operatoren verwenden:

| | |
|---|---|
| ***** | beliebige Anzahl beliebiger Zeichen |
| **?** | genau ein beliebiges Zeichen |

| | |
|---|---|
| > | größer als |
| < | kleiner als |
| >= | mindestens |
| <= | höchstens |
| <> | ungleich |

Interessant wird es jetzt, wenn Sie die gefilterten Daten vielleicht als Datenauszug weitergeben wollen. Mit dem Spezialfilter lässt sich das problemlos lösen. Merken Sie sich dazu als Brücke, dass es ein DatenausZUG ist, wir also die Daten auf ein anderes Blatt ziehen können – schieben können wir sie nicht. Wir müssen also mit dem neuen Blatt anfangen und praktischerweise dort auch den Kriterienbereich hinschreiben. Als Beispiel möchte ich diesmal also alle Datensätze herauskopieren, die ein Ergebnis über 400 erzielt haben.

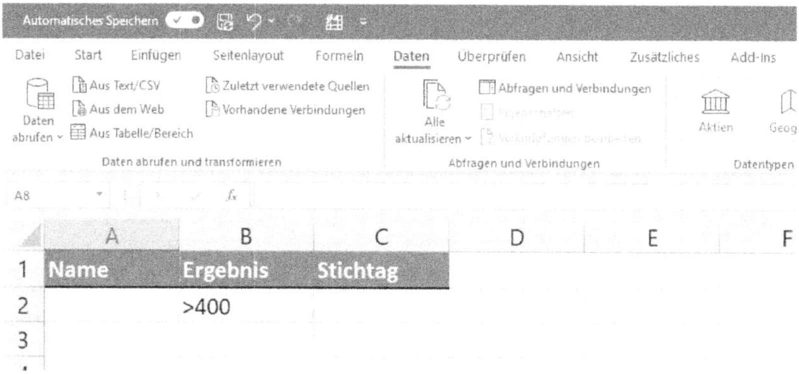


Der Kriterienbereich liegt auf demselben Blatt, der Listenbereich befindet sich jetzt auf dem anderen Blatt, das wir mit dem Pfeilsymbol und der Maus leicht ansteuern können. Und dann aktivieren wir diesmal **An eine andere Stelle kopieren** und müssen danach bei **Kopieren nach:** die erste Zelle des gewünschten Bereichs anklicken.

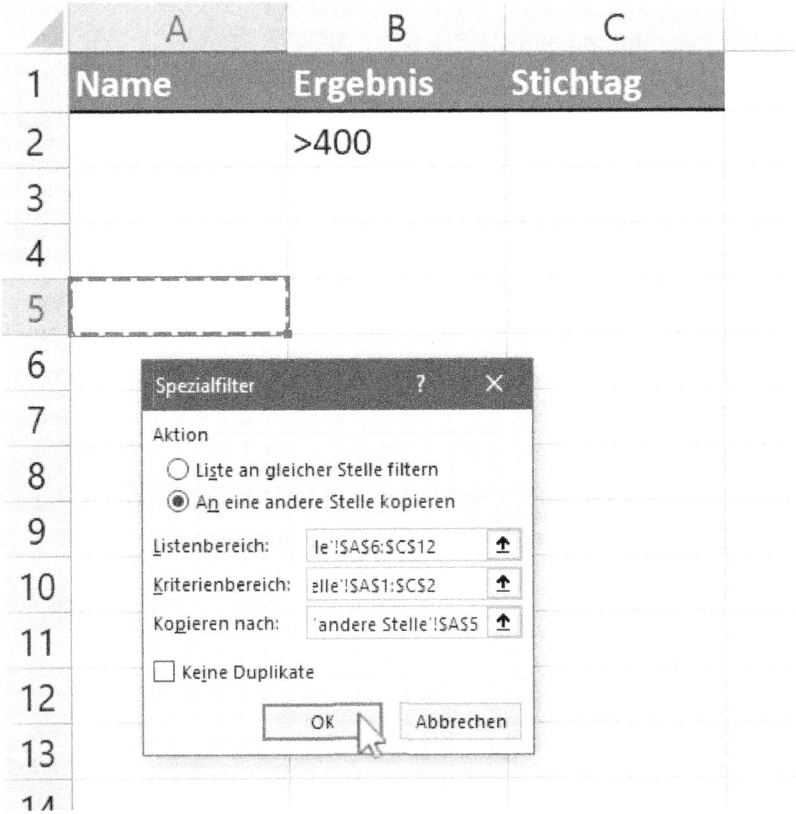


Mit Klick auf **OK** bekommen wir exakt die gewünschte Aufstellung – falls nötig selbstverständlich auch unter Abfrage beliebig vieler Kriterien.

| | A | B | C |
|---|---|---|---|
| 1 | Name | Ergebnis | Stichtag |
| 2 | | >400 | |
| 3 | | | |
| 4 | | | |
| 5 | Name | Ergebnis | Stichtag |
| 6 | Meier | 403 | 01.04.2017 |
| 7 | Schulze | 487 | 15.11.2016 |
| 8 | Krause | 410 | 01.07.2017 |
| 9 | | | |

Das Blatt enthält jetzt genau die gewünschten Datensätze, keine weiteren. Sofern Sie es jetzt als einzelnes Tabellenblatt verschieben wollen, hilft ein Rechtsklick auf den Blattnamen und das Verschieben in eine neue oder eine andere offene Arbeitsmappe.

# 3 Die FILTER()-Funktion

Der Spezialfilter aus dem letzten Kapitel hat schon eine Menge Vorteile. Nachteile hat er aber auch. So muss man ihn jedes Mal neu ausführen lassen und kann ihn auch nicht im Zusammenspiel mit anderen Funktionen verwenden. Er kann Ergebnisse auch nicht gleich sortieren. Um dieses Manko auszugleichen, gibt es seit Office 365 jetzt die neue Funktion **FILTER()**, die diese Nachteile ausgleicht und ein einheitlicheres Arbeiten ermöglicht. Wir sehen sie uns an denselben Daten an wie eben, die nur etwas umsortiert werden, damit sie hier lesbar abgedruckt werden können. Wir finden die Funktion im Menüband Formeln unter **Nachschlagen und Verweisen**.

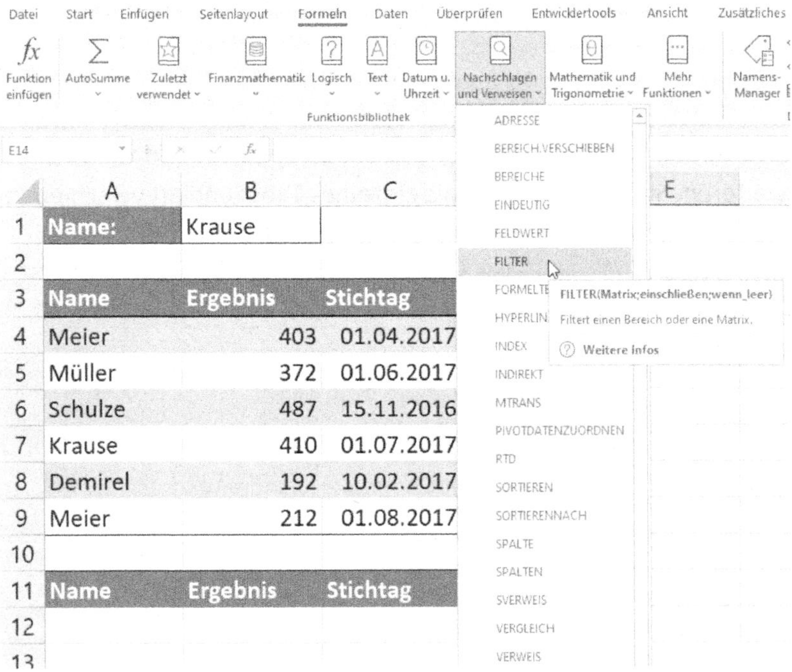

Wir wollen uns also alle Datensätze anzeigen lassen, die mit den Kriterien über der Tabelle übereinstimmen. Dazu hinterlegen wir im Funktionsassistenten zunächst den zu durchsuchenden Bereich.

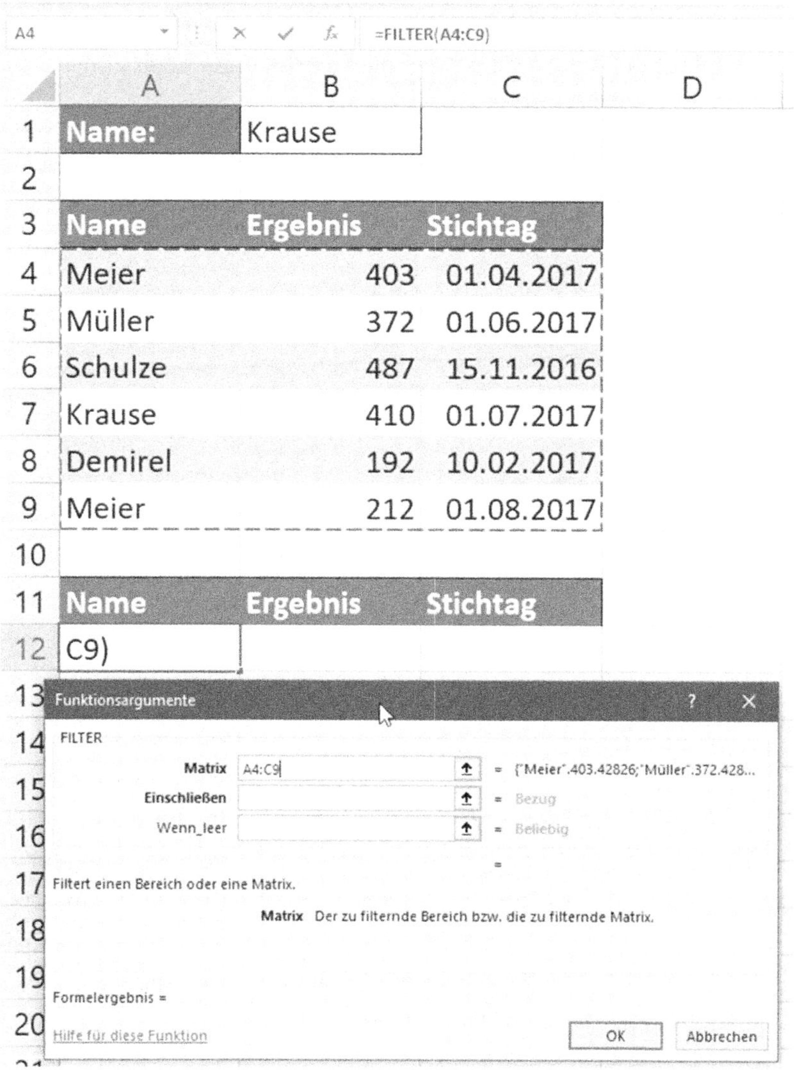

Da ich hier auch mit Vergleichsoperatoren suchen kann, darf ausnahmsweise der Tabellenkopf **nicht** in der Matrix enthalten sein - er könnte manchmal sonst als Ergebnis mit ausgegeben werden.

Danach müssen wir den zu durchsuchenden Bereich festlegen, ebenfalls ohne Tabellenkopf, und die zu erfüllende Bedingung.

Falls der gesuchte Wert in **A4** bis **A9** nicht gefunden wird, habe ich hier festgelegt, dass das gemeldet werden soll. Die Festlegung für **Wenn_leer** kann aber auch frei bleiben, wie am Dünndruck im Formular zu erkennen ist. Jedenfalls bekomme ich das gewünschte Ergebnis. Und: Es wird der komplette Datensatz angezeigt, trotzdem die Funktion nur in einer Zelle steht!

A12 =FILTER(A3:C9;A3:A9=B1;"nicht vorhanden")

| | A | B | C | D |
|---|---|---|---|---|
| 1 | **Name:** | Krause | | |
| 2 | | | | |
| 3 | **Name** | **Ergebnis** | **Stichtag** | |
| 4 | Meier | 403 | 01.04.2017 | |
| 5 | Müller | 372 | 01.06.2017 | |
| 6 | Schulze | 487 | 15.11.2016 | |
| 7 | Krause | 410 | 01.07.2017 | |
| 8 | Demirel | 192 | 10.02.2017 | |
| 9 | Meier | 212 | 01.08.2017 | |
| 10 | | | | |
| 11 | **Name** | **Ergebnis** | **Stichtag** | |
| 12 | Krause | 410 | 01.07.2017 | |
| 13 | | | | |

In diesem konkreten Fall habe ich danach gefragt, ob es Datensätze gibt, die im festgelegten Bereich dem Inhalt der Zelle **B1** genau entsprechen. Ich kann aber auch die weiteren Vergleichsoperatoren verwenden:

\> größer
< kleiner
\>= größer oder gleich
<= kleiner oder gleich
<> ungleich
Wo in Textspalten gesucht wird, wäre dann z.B. B größer als A.

Mit Hilfe der Operatoren kann ich mir jetzt also auch alle Datensätze anzeigen lassen, deren Name im Alphabet hinter „Me“ stehen würde. Hier wird dann auch klar, warum ich den Tabellenkopf diesmal auslassen musste: ich würde ihn ggf. auch als Ergebnis angezeigt bekommen, wenn ich wie hier nach **>B1** suche lasse.

A12 =FILTER(A4:C9;A4:A9>B1;"nicht vorhanden")

| | A | B | C | D |
|---|---|---|---|---|
| 1 | Name: | Me | | |
| 2 | | | | |
| 3 | Name | Ergebnis | Stichtag | |
| 4 | Meier | 403 | 01.04.2017 | |
| 5 | Müller | 372 | 01.06.2017 | |
| 6 | Schulze | 487 | 15.11.2016 | |
| 7 | Krause | 410 | 01.07.2017 | |
| 8 | Demirel | 192 | 10.02.2017 | |
| 9 | Meier | 212 | 01.08.2017 | |
| 10 | | | | |
| 11 | Name | Ergebnis | Stichtag | |
| 12 | Meier | 403 | 01.04.2017 | |
| 13 | Müller | 372 | 01.06.2017 | |
| 14 | Schulze | 487 | 15.11.2016 | |
| 15 | Meier | 212 | 01.08.2017 | |

Die Filterfunktion kann übrigens nicht nur mit einem Kriterium ausgeführt werden, sie kann auch Schnittmengen mit weiteren Kriterien liefern. Uns reicht hier die weitere Filterung nach Ergebnis - weitere Ebenen würden nach demselben Prinzip beliebig eingezogen werden können. Hierzu multipliziere ich die Inhalte in der Eingabezeile **Einschließen**.

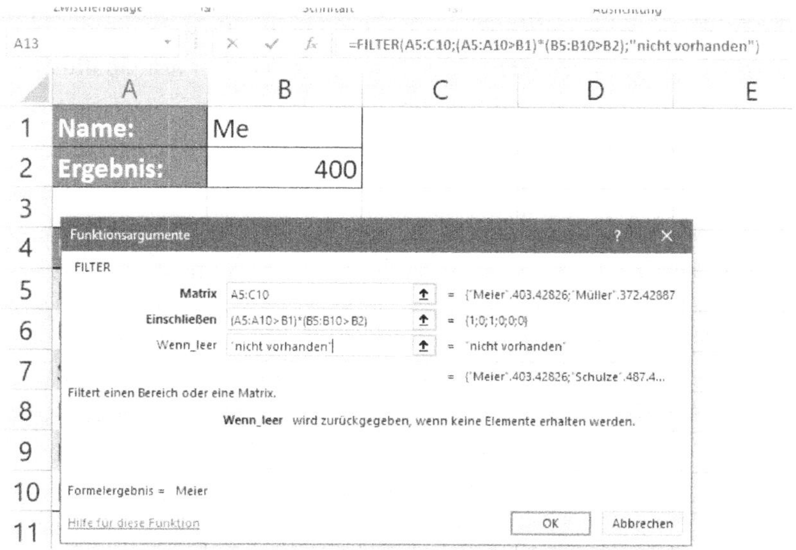


Damit werden mir nur noch die Datensätze angezeigt, die sowohl alphabetisch hinter Me stehen als auch beim Ergebnis einen Eintrag größer als 400 aufweisen.

| 12 | Name | Ergebnis | Stichtag |
|---|---|---|---|
| 13 | Meier | 403 | 01.04.2017 |
| 14 | Schulze | 487 | 15.11.2016 |

Bis hier gleicht das Ergebnis weitgehend dem, was wir auch mit den traditionellen Auto- oder Spezialfilter erreichen könnten - wenn wir mal von der Bedienung absehen. Eins können diese Filter aber nicht: gleichzeitig weitere Funktionen ausführen. Im Prinzip sind da der Inspiration keine Grenzen gesetzt, anbieten würde sich hier aber z.B. die ebenfalls neue Funktion **SORTIEREN()** bzw. **SORTIERENNACH()**.

Die Sortierfunktion verlangt nur die Angabe eines zu sortierenden Bereichs und - sofern nicht nach dem Wert in der ersten Spalte gesucht werden soll - die Angabe der wievielten Spalte in der Matrix das Sortierkriterium zu finden ist. Hier möchte ich nach dem Datum sortieren, also lautet die passende Eingabe 3 für die dritte Spalte innerhalb der Matrix. Weitere Spezialwünsche kann ich mitgeben, brauche sie hier aber nicht. Da ich mein Filterergebnis sortieren möchte, kann ich die komplette Filterfunktion ohne das Gleichheitszeichen in die Matrixangabe der Sortierfunktion hineinkopieren.

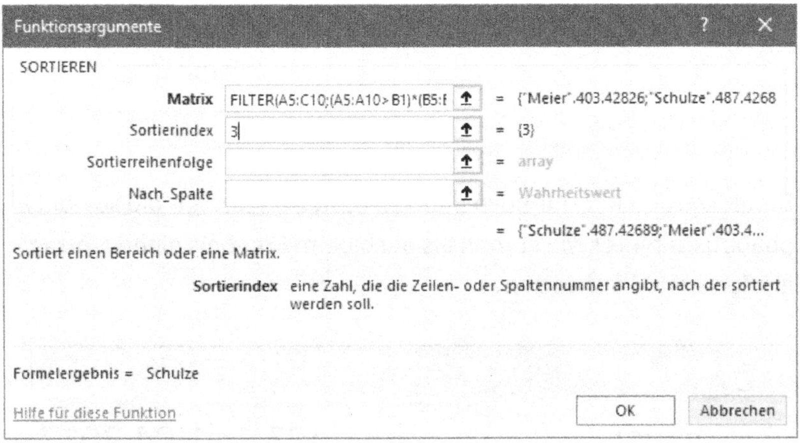


Das Filterergebnis wird mir jetzt nach Datum sortiert ausgegeben.

| | A | B | C |
|---|---|---|---|
| 1 | **Name:** | Me | |
| 2 | **Ergebnis:** | 400 | |
| 3 | | | |
| 4 | **Name** | **Ergebnis** | **Stichtag** |
| 5 | Meier | 403 | 01.04.2017 |
| 6 | Müller | 372 | 01.06.2017 |
| 7 | Schulze | 487 | 15.11.2016 |
| 8 | Krause | 410 | 01.07.2017 |
| 9 | Demirel | 192 | 10.02.2017 |
| 10 | Meier | 212 | 01.08.2017 |
| 11 | | | |
| 12 | **Name** | **Ergebnis** | **Stichtag** |
| 13 | Schulze | 487 | 15.11.2016 |
| 14 | Meier | 403 | 01.04.2017 |
| 15 | | | |

Sofern die Funktion **SORTIERENNACH()** verwendet wird, kann auch nach mehreren Kriterien hintereinander sortiert werden.

Das sind schon einige Vorteile gegenüber den traditionellen Filtern. Nicht verheimlicht werden sollen aber zwei Nachteile: einerseits können keine Jokerzeichen wie ***** und **?** verwendet werden. Und andererseits werden in Excel-Vorversionen diese neuen Funktionen nicht verstanden.

# 4 Datenbankfunktionen

Mit Filtern lässt sich viel erreichen. Aber häufig werden Sie weitergehende Wünsche haben. Vielleicht ändern sich Ihre Wünsche öfter und ein neues Ausführen des Spezialfilters ist zu mühselig – ich empfehle ihn ohnehin hauptsächlich für den Fall, dass Sie die Daten auf ein anderes Blatt ziehen wollen. Die Datenbankfunktionen sind schnell und flexibel wie FILTER(), errechnen gleich Ergebnisse aus den Kriterien und sind über alle Excel-Versionen kompatibel. Wir haben wegen der Übersicht dazu wieder nur eine kleine Beispieltabelle – im richtigen Leben entfalten die Datenbankfunktionen natürlich den meisten Charme in sehr großen Blättern. Damit es funktioniert, brauchen wir wieder einen Datenbereich mit einfacher Struktur und einen Kriterienbereich mit denselben Spalten wie die Daten zu durchsuchenden Daten. Die Datenbankfunktion selbst kann irgendwo auf dem Blatt stehen.

| | A | B | C | D |
|---|---|---|---|---|
| 1 | **Mieter** | **m²** | **Balkon** | |
| 2 | Meier | 50 | ja | |
| 3 | Müller | 46 | nein | |
| 4 | Schulze | 80 | ja | |
| 5 | Demirel | 60 | ja | |
| 6 | | 58 | ja | |
| 7 | Kaminski | 30 | nein | |
| 8 | Schmitt | 28 | nein | |
| 9 | | | | |
| 10 | **Mieter** | **m²** | **Balkon** | |
| 11 | | | ja | |
| 12 | | | | |
| 13 | DBsumme: | | | |
| 14 | | | | |

Im ersten Beispiel wollen wir also wissen, wieviel Quadratmeter Wohnfläche wir an Wohnungen mit Balkon haben. Dabei werten wir den Texteintrag in der Spalte **C** aus.

In der Zelle **B13** wollen wir jetzt also die Summe der Quadratmeter sehen. Wer sich auskennt, kann selbstverständlich die Funktion einfach so über die Tastatur eintippen, zum Einfuchsen ist der Formelassistent sicher immer eine gute Idee, da es hier auch etwas Unterstützung für die gewünschten Eingaben gibt. Man findet den Assistenten u.a. vorn in der Eingabezeile.

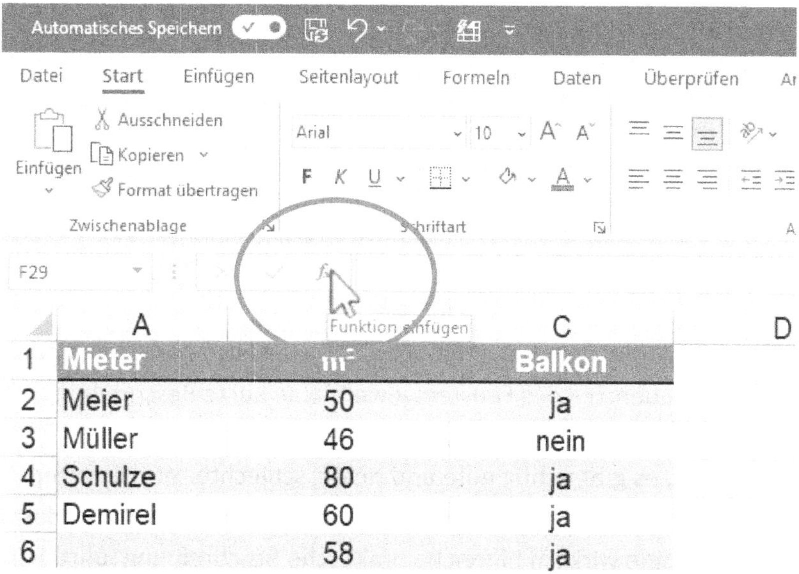


Dieser Assistent ist sehr ehrgeizig und bietet an, die gewünschten Funktionen auch aus freiem Text herausfinden zu können – meist ist das jedoch vergeblich oder schwer durchschaubar. Wählen Sie deshalb lieber gleich die Kategorie **Datenbank** aus dem Dropdown.

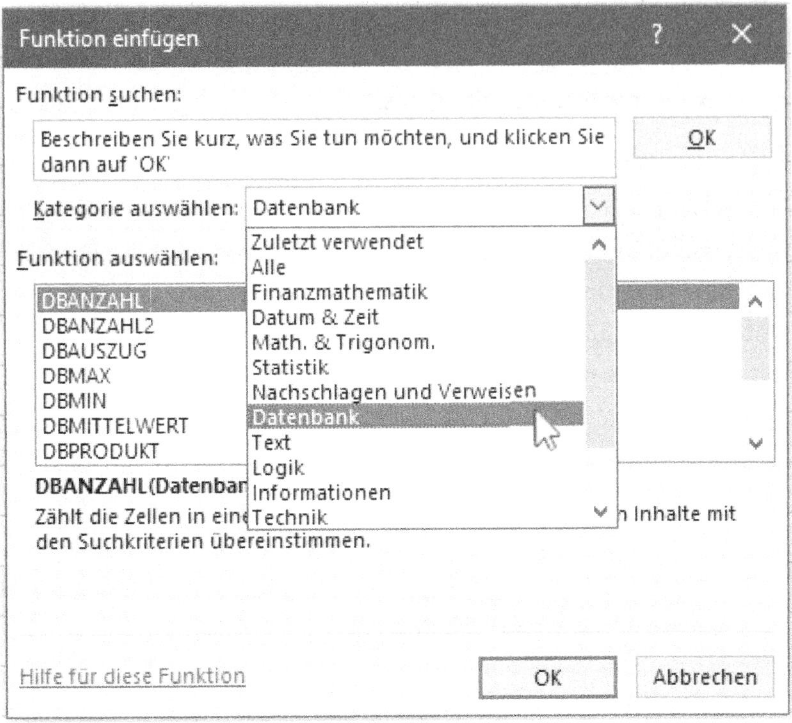


Unter der Auflistung der Funktionen der jeweiligen Kategorie findet man im grauen Teil des Fensters jeweils eine kurze Beschreibung der Funktion. Diese Beschreibungen sind ganz unterschiedlich brauchbar, es gibt richtig gute und richtig schlechte. Wirklich empfehlen kann ich aber das blaue Link in der linken unteren Ecke, das jeweils in eine wirklich hilfreiche praktische Beschreibung führt. Für unseren aktuellen Fall genügt es aber, wenn wir aus der alphabetischen Liste **DBSUMME** anklicken und mit **OK** bestätigen. Wir landen dann in dem Fenster, das uns die gewünschte Unterstützung bietet.

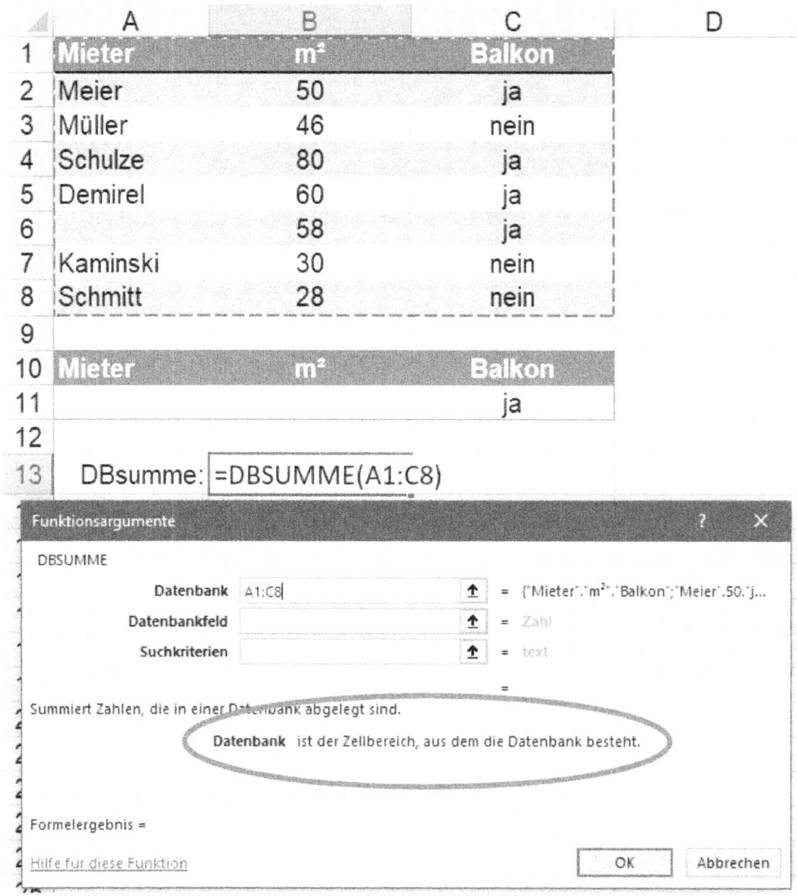


Wieder finden wir die Klappsymbole in den Eingabefeldern, können also einfach über den gewünschten Bereich – hier also die Daten **mit** ihren Bezeichnungen – streichen und bekommen nach Loslassen der linken Maustaste den ersten Teil dessen angezeigt, was Excel davon verstanden hat. Hier also vorerst alle Daten der Tabelle. Welche Angaben jeweils für ein konkretes Ergebnis gebraucht werden, kann man im mittleren Teil des Fensters nachlesen.

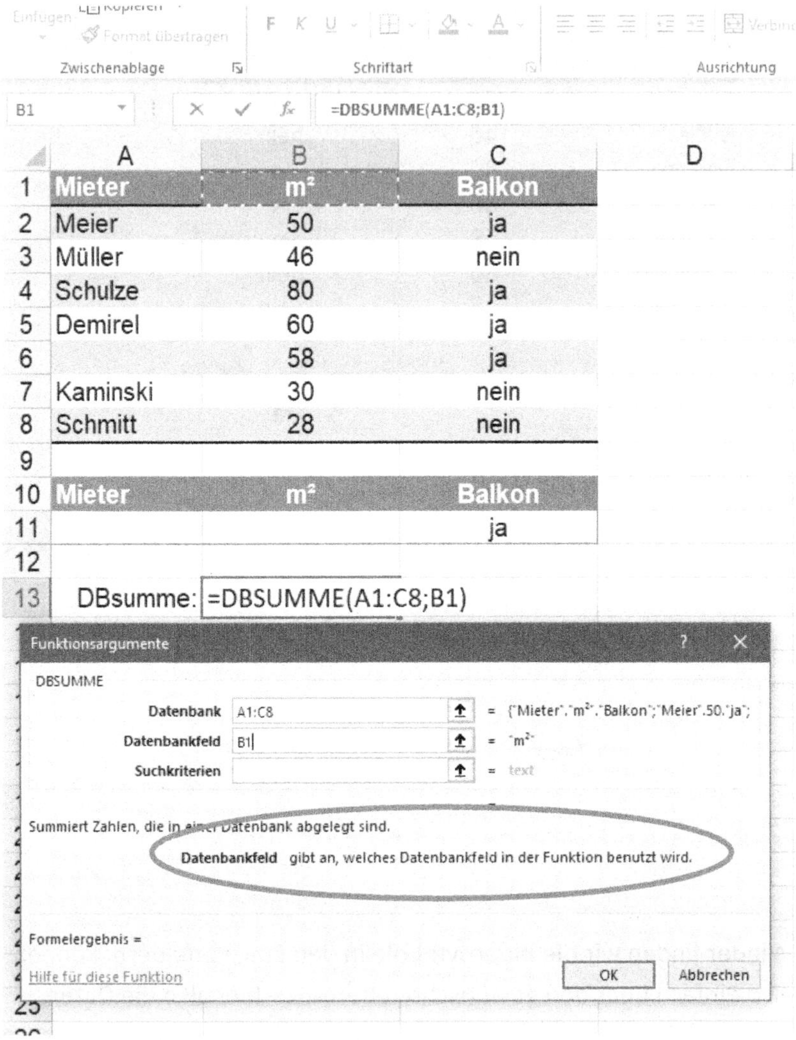


Beim Datenbankfeld wird tatsächlich nur eine Zelle gebraucht, nämlich die Bezeichnung der Spalte, die ausgewertet werden soll. Und uns ging es um die Anzahl der Quadratmeter. Summieren kann man ja tatsächlich auch nur in einer Zahlenspalte.

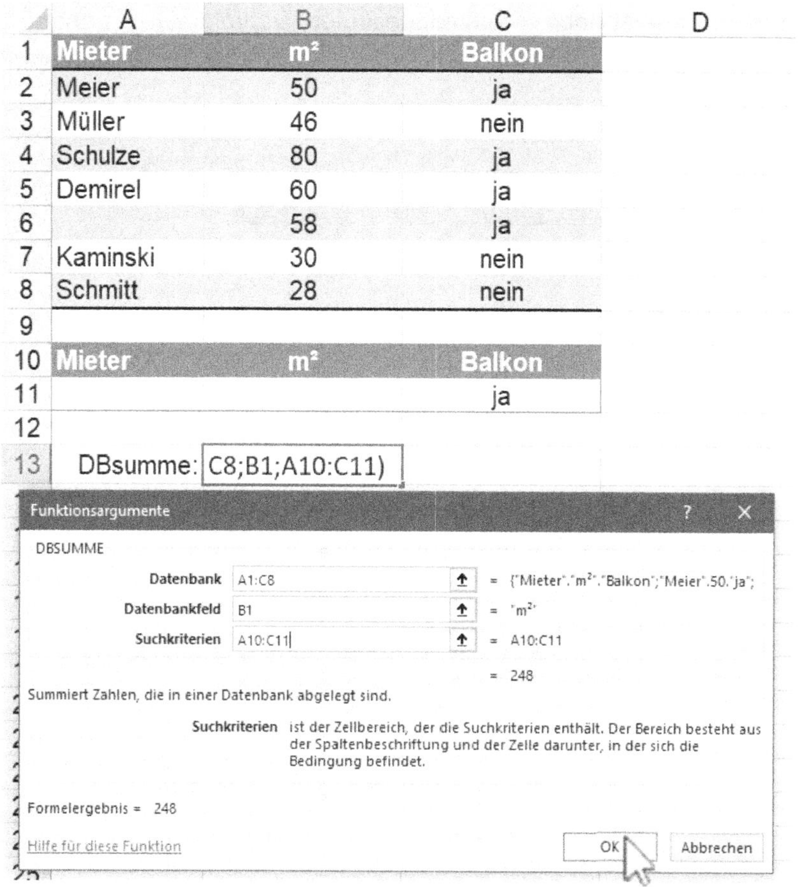


Nach dem Eintragen der Suchkriterien sind wir dann fertig und erhalten bei Klick auf **OK** die Auskunft, dass 248 m² Wohnfläche einen Balkon haben. Sie können jetzt beliebig Kriterien ändern, in der Zelle **B13** wird jeweils die dazu passende Summe sofort angezeigt. Sie können hier im Kriterienbereich dieselben Operatoren und Jokerzeichen verwenden wie oben beim Spezialfilter.

Testen wir jetzt noch verschiedene andere Datenbankfunktionen durch. Die Funktion **DBANZAHL** liefert uns die Zahl der Wohnungen mit Balkon.

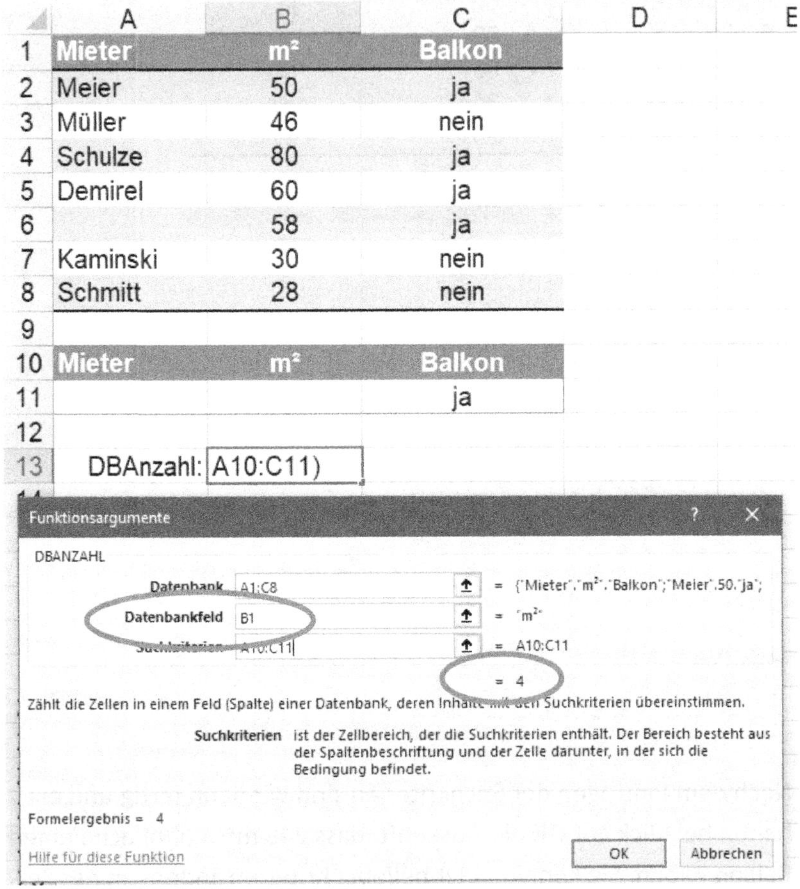


Diese Funktion kann aber ausschließlich in Zahlenspalten zählen, hier also wieder bei den Quadratmetern. Wollen oder müssen wir in Textspalten zählen, brauchen wir eine andere Funktion, nämlich

**DBANZAHL2**. Wollen wir also die Anzahl der vermieteten Wohnungen mit Balkon feststellen, brauchen wir diese, um in der Spalte **A** zu zählen.

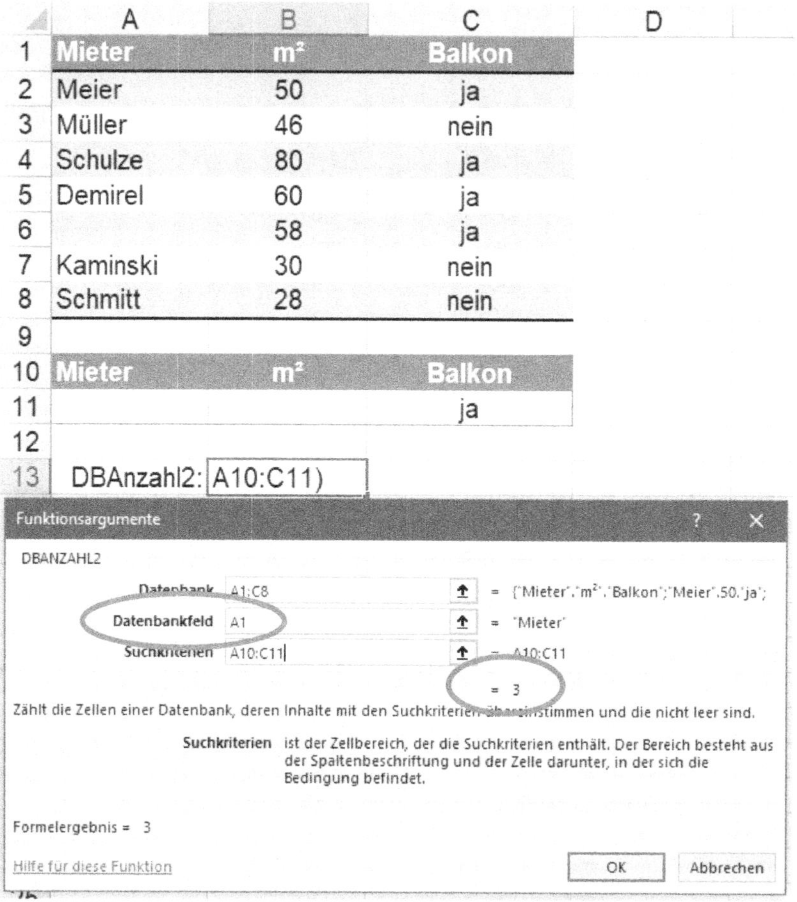


Wenn Sie übrigens einmal etwas zu korrigieren haben nachdem das Dialogfeld schon geschlossen ist, können Sie es sich wieder öffnen.

Setzen Sie den Cursor in den Funktionsnamen in der Eingabezeile und klicken Sie dann auf das Assistentensymbol.

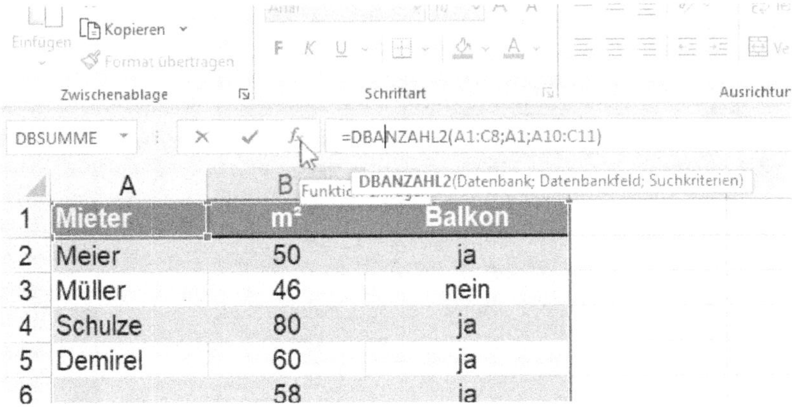


Bei diesem Schritt werden auch die jeweils angesprochenen Bereiche farblich markiert, so dass Sie gleich besser erkennen, welche Werte verwendet werden.

Die Funktion **DBMITTELWERT** funktioniert wieder wie auch die folgenden nur in Zahlenspalten.

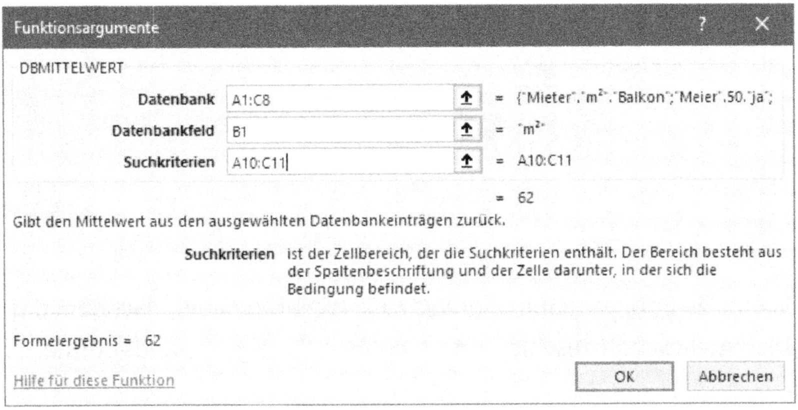

Die Wohnungen mit Balkon sind also durchschnittlich 62 m² groß. Die ohne Balkon sind deutlich kleiner.

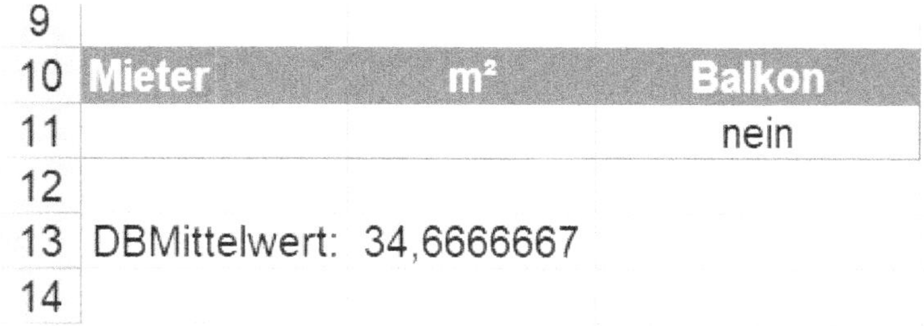


Vermutlich haben Sie langsam das System verstanden und finden vielleicht das Aufrufen des Assistenten inzwischen entbehrlich. In dem Fall können Sie sich für **DBMIN()** und **DBMAX()**, mit denen wir die größte und kleinste Wohnung mit Balkon finden wollen, einmal die Unterstützung auf der Eingabezeile ansehen.

Jede Funktion beginnt immer mit dem Gleichheitszeichen. Bisher hat Ihnen der Assistent das reingeschrieben, jetzt müssen Sie es selber tippen, damit Excel weiß, dass Sie jetzt rechnen (lassen) wollen. Dann fangen Sie an den Funktionsnamen zu schreiben, hier also **DBMIN()**, Groß- und Kleinschreibung wird nicht beachtet. Wenn Sie den gewünschten Eintrag sehen, können Sie ihn auch mit den Cursortasten auswählen. Ist der richtige Eintrag blau hinterlegt, wählen Sie ihn mit der **Tab**-Taste mit den beiden Pfeilen ganz links auf der

Tastatur aus und erhalten dann weitere Hinweise, was Excel an dieser Stelle von Ihnen erwartet.

Wenn Sie einen Teil der Eingabe – hier also die Angabe der Datenbank – abschließen, tun Sie das mit einem Semikolon als Trennzeichen, dann wird der nächste Eintrag hervorgehoben. Am Ende wird dann die ganze Gleichung mit einer Klammer und einem Druck auf **Enter** geschlossen.

Ob Ihnen dieses Verfahren besser gefällt, ist Geschmackssache und wertfrei. Wenn Sie in unserem Beispiel herausgefunden haben, dass die kleinste Wohnung mit Balkon 50 m² hat und die größte 80 m², haben Sie wahrscheinlich alles richtig gemacht.

Beachten Sie aber auf jeden Fall auch hier wie beim Spezialfilter: Sie können dem Kriterienfeld beliebig weitere Zeilen hinzufügen. Wie beim Spezialfilter müssen alle Kriterien in derselben Zeile gleichzeitig gegeben sein, in unterschiedlichen Zeilen sind es Alternativen. Sollten Sie aber einmal eine leere Zeile im Kriterienbereich haben, werden alle Zeilen einschränkungslos ausgewertet. Sorgen Sie also z.B. durch geeignete Formatierung dafür, dass Sie das nicht versehentlich übersehen.

# 5 Einsetzen unter Bedingungen

## 5.1 WENN()

Die bekannteste Funktion zum Abprüfen von Bedingungen ist die **WENN()**-Funktion. Falls eine Bedingung gegeben ist, soll dieses geschehen, falls nicht, etwas anderes. Gegenüber den folgenden Vorschlägen hat sie noch einen weiteren Vorteil: sie funktioniert in allen Excel-Versionen. Deshalb und weil sie für die meisten Fälle vollkommen ausreicht, bleibt sie vorläufig das Mittel der Wahl.

Sehen wir uns die Funktion am Beispiel des Rückgabetresens einer Bibliothek an.

| | A | B | C | D |
|---|---|---|---|---|
| 1 | | | | |
| 2 | | Bibliothek Weise & Co. | | |
| 3 | | | | |
| 4 | | Ausleihdatum | 01.02.2021 | |
| 5 | | Leihfrist in Tagen | 60 | |
| 6 | | heute: | 27.02.2021 | |
| 7 | | Strafe bei Überschreitung pro Tag | 0,10 € | |
| 8 | | | | |
| 9 | | Ansprache an den Kunden: | | |
| 10 | | ggf. zahlbar: | | |
| 11 | | | | |

Wenn also ein Kunde das Buch innerhalb der Leihfrist zurückbringt, danken wir ihm freundlich. Bringt er es zu spät zurück, ermahnen wir ihn zur Pünktlichkeit und berechnen die Strafzahlung. Im aktuellen Fall ist der Kunde noch pünktlich. In der Zelle **C9** lassen wir das jetzt auch von Excel feststellen. Die Funktion dazu finden wir natürlich auch wieder über den Funktionsassistenten, diesmal führt aber noch ein kürzerer Weg zum Ergebnis: die logischen Funktionen im Menüband **Formeln**.

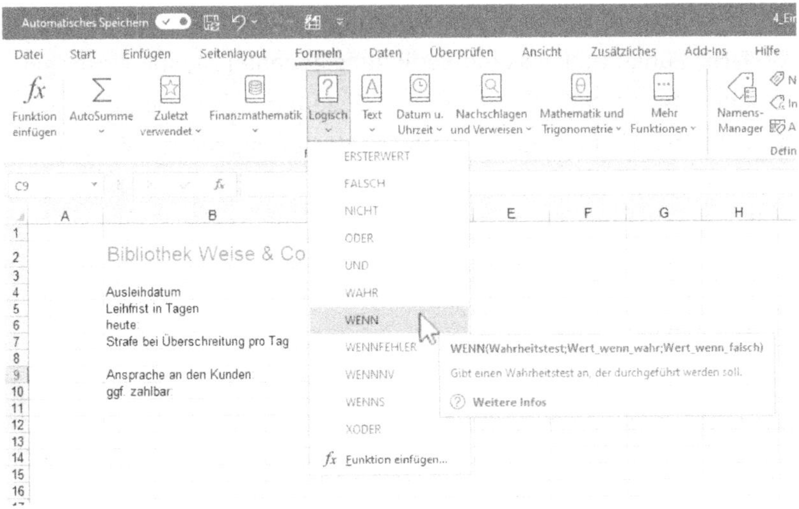


Es öffnet sich auf Mausklick jetzt auch wieder der Funktionsassistent, in dem ich jetzt hinterlege, welche Bedingungen für welche Reaktion gegeben sein müssen. Ich lasse also rechnen, ob das Ausleihdatum zuzüglich der Leihfrist vor oder nach dem heutigen Tag liegt. Liegt das errechnete Datum in der Zukunft oder ist es der heutige Tag, läuft die Leihfrist offenbar noch und ich werde das Buch mit netten Worten entgegennehmen. Ist das Datum bereits abgelaufen, werde ich den Kunden hier zunächst informieren. Die eventuelle Strafe errechnen wir dann gleich, könnten das in der Realität aber selbstverständlich sofort tun. In jedem Fall müssen die gewünschten Texte in Anführungszeichen gesetzt werden.

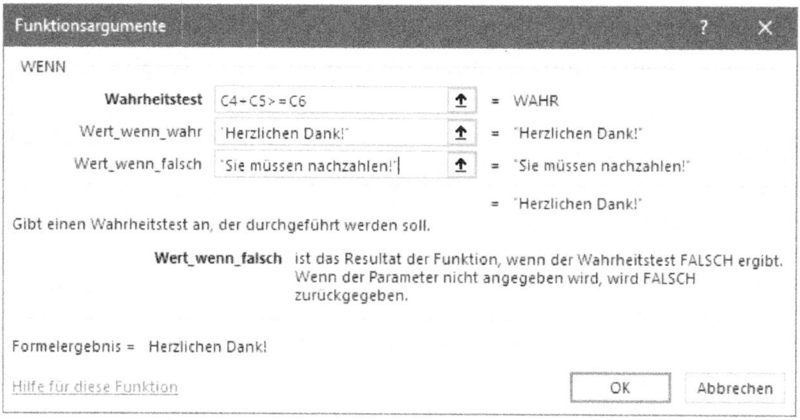


Nach dieser Eingabe und Klick auf **OK** würde also ein freundlicher Dank in der Zelle **C9** erscheinen. Setzen Sie z.B. das Ausleihdatum ein Jahr zurück, wird sich das ändern.

Rechnen wir jetzt im zweiten Schritt aus, ob und welchen Betrag der Kunde ggf. nachzuzahlen hat. Das machen wir in der Zelle **C10**. Der Wahrheitstest am Anfang bleibt gleich.

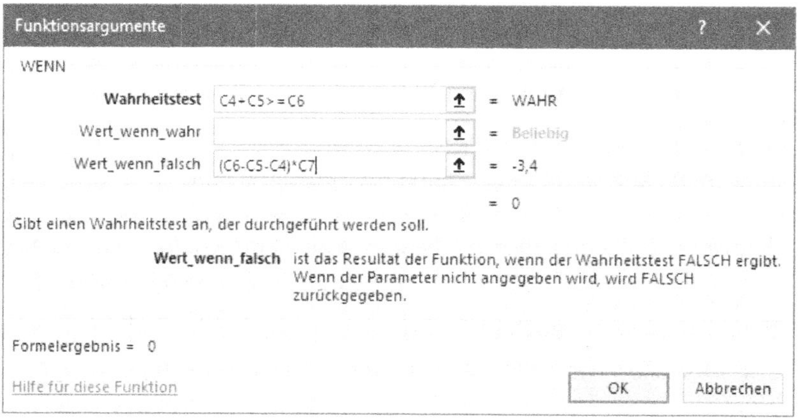

Falls also die Leihfrist überschritten ist, errechnen wir die Anzahl der Tage der Überschreitung und multiplizieren sie mit der Strafzahlung pro Tag. Da auch Excel weiß, dass Punktrechnung vor Strichrechnung geht, muss die Errechnung der Differenz in Klammern gesetzt werden.

Im aktuellen Fall muss nicht gezahlt werden, weil ja rechtzeitig zurückgebracht wurde. Wieder wird z.B. eine Änderung des Ausleihdatums den Wert womöglich dramatisch ändern.

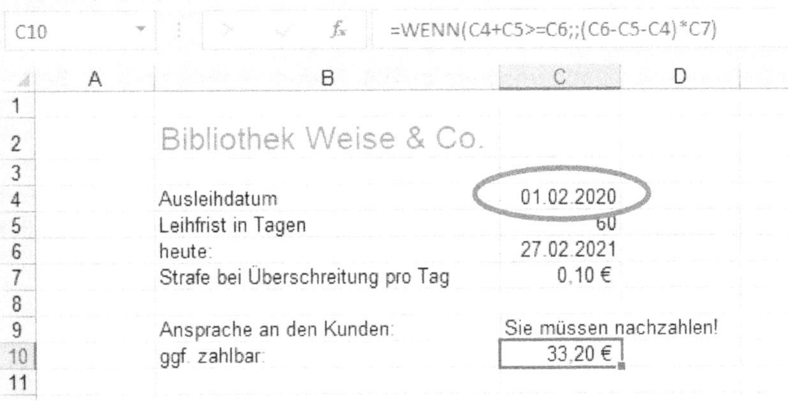


Übrigens kann der Wahrheitstest natürlich auch immer andersherum aufgebaut werden, man muss nur jeweils darauf achten, die möglichen Fälle sauber gegeneinander abzugrenzen.

Mit zwei möglichen Fällen ist die Sache also einfach. Man kann nach Belieben Texte ausgeben oder Berechnungen anstellen. Umständlicher wird es, wenn noch mehr Prüfungen gewünscht sind. In unserem Fall wollen wir vielleicht den Kunden, die das Buch genau am Fälligkeitstag wiederbringen, ein Augenzwinkern zuwerfen. Dazu verändern wir den Wahrheitstest etwas.

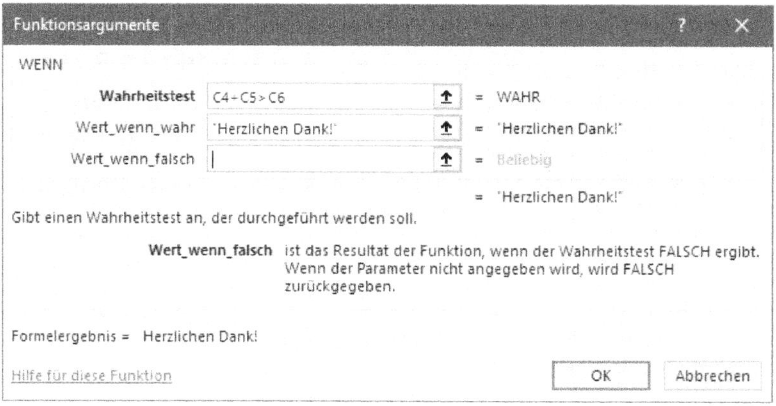


Jetzt lasse ich also nur prüfen, ob das Datum in der Zukunft liegt. Ist das der Fall, bleibt meine Reaktion gleich. Falls aber nicht, will ich auf unterschiedliche Art reagieren. Ich muss also ein zweites **WENN()** in das erste hineinschachteln. Mit Routine kann ich es einfach in das aktuell noch offene Fenster hineinschreiben. Möchte ich aber weiterhin die Unterstützung des Assistenten, kann ich dabei über die Anzeige der zuletzt verwendeten Funktionen im **Namenfeld** gehen.

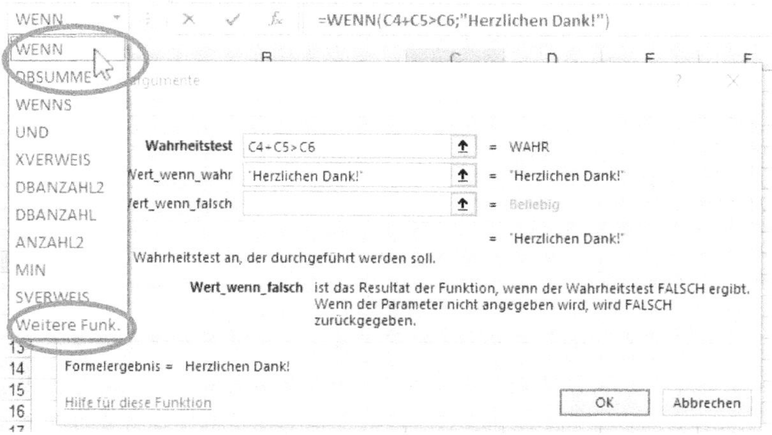

Natürlich könnte ich auch eine andere Funktion verschachteln, dafür gibt es am Ende des Klappfeldes wieder den Aufruf der Funktionssuche. Hier klicke ich aber auf **WENN()** und lande damit wieder in einem neuen Argumentefenster. In der Adresszeile kann ich sehen, dass meine vorherigen Angaben aber weiterhin erhalten geblieben sind.

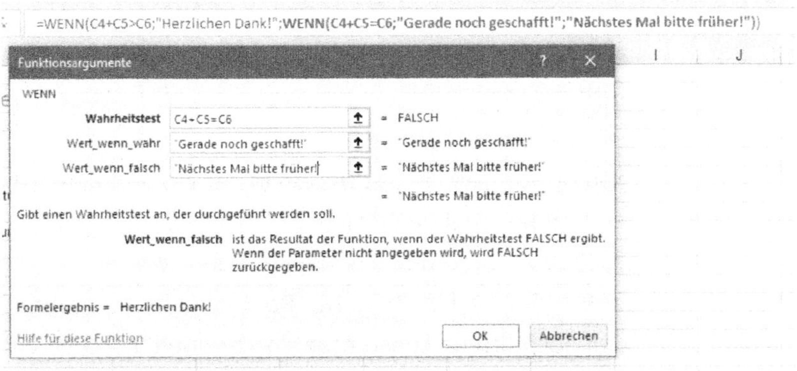


Mit dem geeigneten Ausleihdatum bekomme ich die gewünschte Ausgabe.

| | A | B | C | D | E |
|---|---|---|---|---|---|
| 1 | | | | | |
| 2 | | Bibliothek Weise & Co. | | | |
| 3 | | | | | |
| 4 | | Ausleihdatum | 29.12.2020 | | |
| 5 | | Leihfrist in Tagen | 60 | | |
| 6 | | heute: | 27.02.2021 | | |
| 7 | | Strafe bei Überschreitung pro Tag | 0,10 € | | |
| 8 | | | | | |
| 9 | | Ansprache an den Kunden: | Gerade noch geschafft! | | |

Wir haben hier nur einmal geschachtelt, dennoch ist der Inhalt der Adresszeile bereits einigermaßen unübersichtlich. Ich kann nun die

**WENN()**-Funktion bis zu 7 Mal schachteln. Damit wird die Eingabe schon fast unlesbar. Und andererseits kann es leicht vorkommen, dass wirklich mehr Bedingungen geprüft werden müssen. Für diesen Fall musste lange mit Tricks gearbeitet werden, moderne Funktionen haben uns davon jetzt aber erlöst.

## 5.2 WENNS()

Eine der neuen Möglichkeiten ist die **WENNS()**-Funktion, die es seit Excel 2019 und 365 gibt. Damit ist auch schon der wichtigste Nachteil klar: wenn nicht sicher ist, dass alle Bearbeiter über eine dieser Versionen verfügen, muss auf die Verwendung verzichtet werden. Falls das abgesichert ist, können mit dieser Funktion aber bis zu 127 verschiedene Bedingungen ohne Schachtelung glatt durchgeprüft und ausgewertet werden. In unserem Beispiel sähe das so aus:

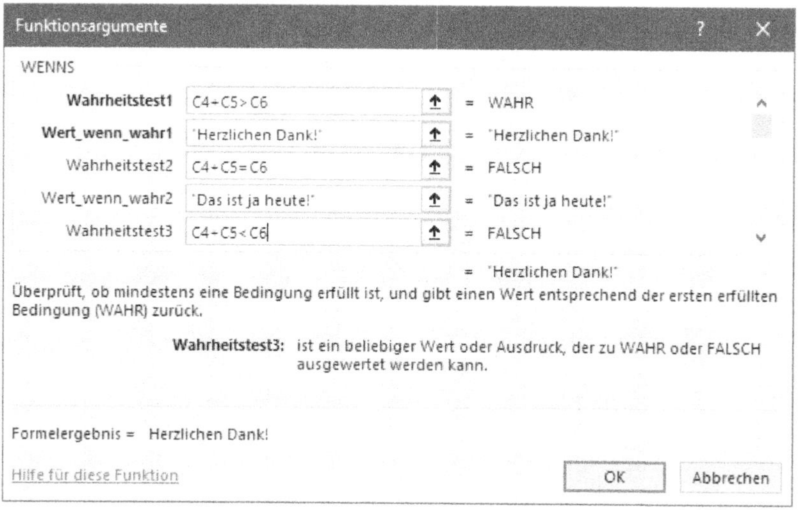

Hier kann ich also geordnet und in einem Fenster die verschiedenen Möglichkeiten abfragen - leider kann ich das Fenster selbst nur nicht so vergrößern, dass ich auch alle Möglichkeiten sehe. Aber hier wird schon einmal einiges übersichtlicher.

**WENNS()** kann wie erwähnt 127 Fälle nacheinander abarbeiten. Es ist aber nicht möglich, einen Fall „Wenn nichts davon zutrifft, mach dasunddas" zu hinterlegen. Brauche ich das und die Rechenfunktionen, muss ich auf die **WENN()**-Funktion zurückgreifen.

## 5.3 ERSTERWERT()

Auch diese Funktion wurde erstmals mit Excel 2019 und 365 eingeführt und kann von Anwendern voriger Versionen nicht verwendet werden. Sie kann nur Inhalte auswerten, nicht rechnen. Deshalb brauchen wir jetzt auch ein anderes Beispiel. Wir wollen feststellen, ob es im Sport Medaillen gibt und wenn ja, welche.

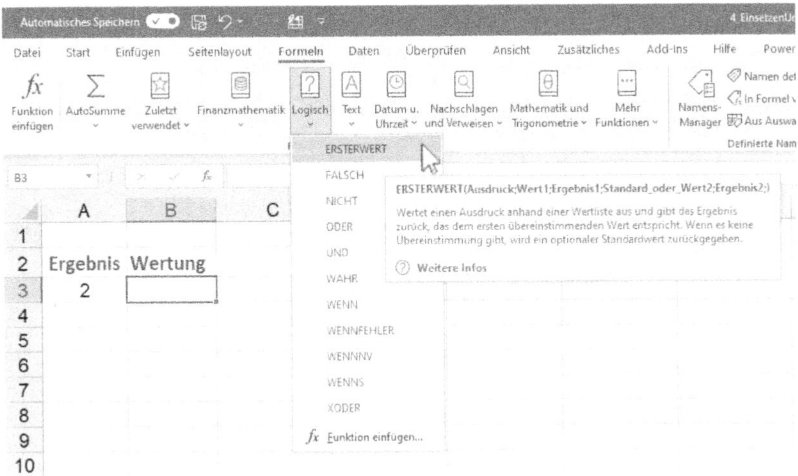

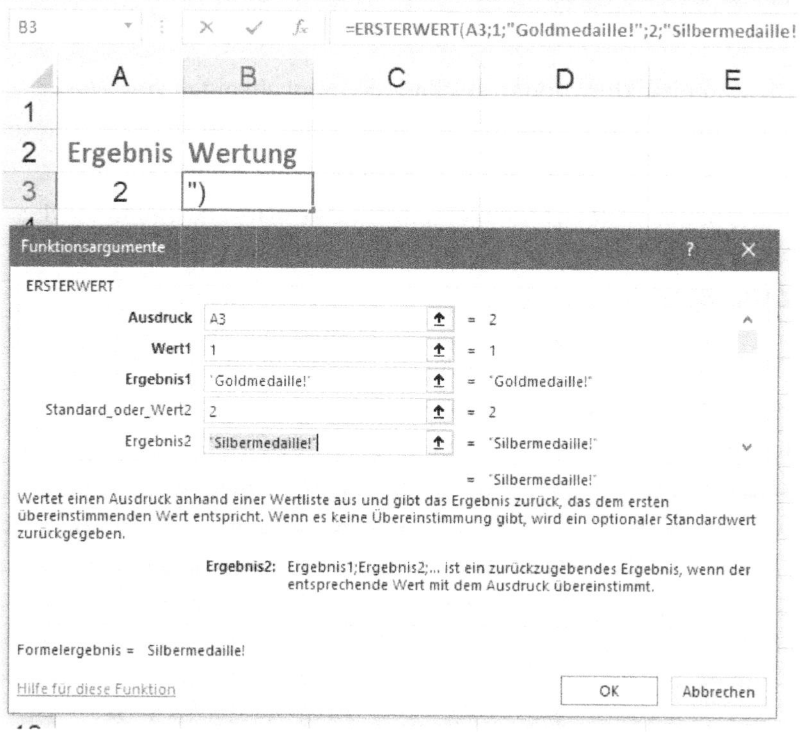


Der zu vergleichende Ausdruck muss oben nur einmal angegeben werden, danach können bis zu 126 verschiedene konkrete Möglichkeiten abgefragt werden. Als letzte Möglichkeit kann dann als Standard angegeben werden was eingesetzt werden soll, falls keine bisherige Variante zutrifft. Im Beispiel dann etwa, dass es keine Medaille gibt.

Wie bereits erwähnt, rechnet **ERSTERWERT()** nicht, sondern setzt nur Werte ein. Zu Rechenoperationen unter Bedingungen kommen wir im folgenden Kapitel.

# 6 Rechnen mit Bedingungen

Die Datenbankfunktionen aus Kapitel 3 sind ein nützliches Werkzeug, wenn man veränderliche Auswertungen braucht. Sofern diese aber weniger variabel sind, geht es auch kompakter. Dazu gibt es die Funktionen **ZÄHLENWENN()**, **MITTELWERTWENN()** und **SUMMEWENN()**. Fangen wir mit der einfachsten und gängigsten an, mit **ZÄHLENWENN**.

Als Beispiel nehmen wir eine kleine Hausverwaltung. Dort möchte man zählen, wie viele Wohnungen aktuell vermietet sind. Wichtig ist in diesem Fall, dass die zu zählenden Einträge wirklich gleichmäßig sind und nicht etwa Tippfehler oder ähnliches beinhalten. Dazu würde sich eine Datenüberprüfung anbieten wie in meinem Heft „Fehler verhindern" beschrieben. Hier konzentrieren wir uns aber auf die reine Funktion. Wir finden sie am schnellsten über den Funktionsassistenten.

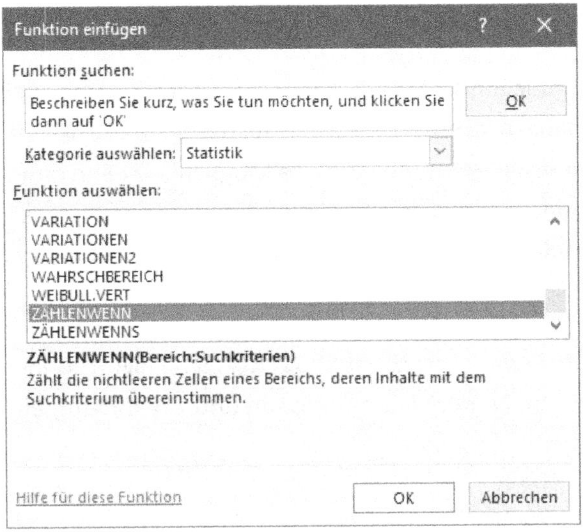

Im **Bereich**, hier also **B2:B14**, wird der Begriff gesucht, der unter **Suchkriterien** festzulegen ist. Sie können den Ausdruck frei in die Eingabezelle schreiben. Erheblich praktikabler ist es aber, wenn Sie nur auf eine Zelle verweisen, in der Sie den jeweiligen Suchausdruck auch später leicht ändern können. Im Assistentenfenster bekommen Sie jeweils auch immer eine Vorschau, was nach Klick auf **OK** als Ergebnis geliefert werden wird.

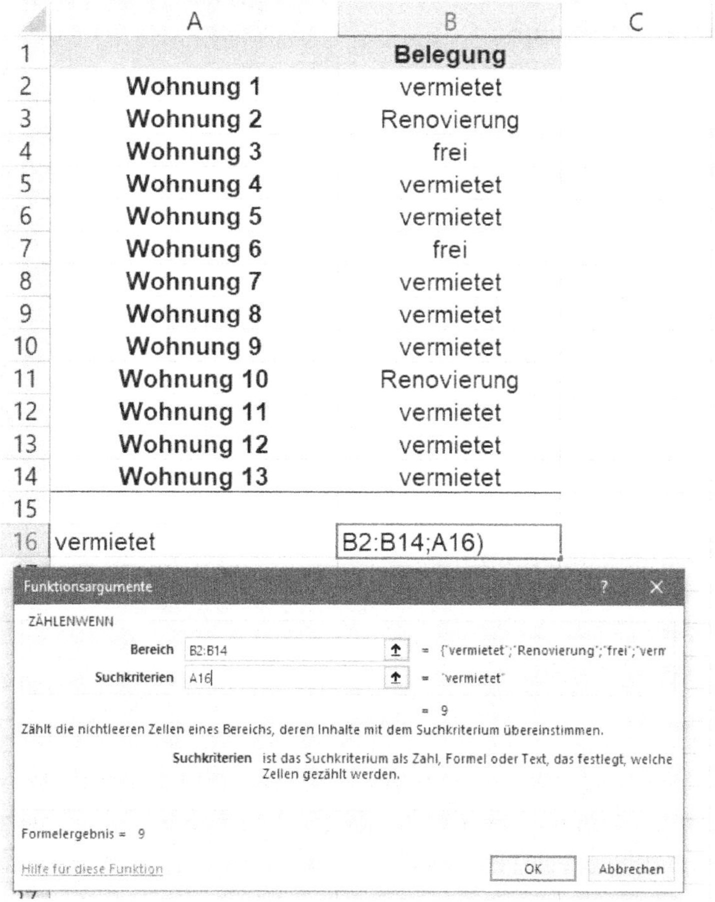

Die beiden Funktionen **SUMMEWENN** und **MITTELWERTWENN** werden auf dieselbe Art aufgerufen, wir sehen uns hier deshalb nur ein Beispiel an.

Wir wollen jetzt also wissen, wieviel Miete wir mit den vermieteten Wohnungen einnehmen – und wieviel mit den anderen verpassen.

| | A | B | C |
|---|---|---|---|
| 1 | | **Belegung** | **Miete** |
| 2 | **Wohnung 1** | vermietet | 100,00 € |
| 3 | **Wohnung 2** | Renovierung | 200,00 € |
| 4 | **Wohnung 3** | frei | 300,00 € |
| 5 | **Wohnung 4** | vermietet | 400,00 € |
| 6 | **Wohnung 5** | vermietet | 500,00 € |
| 7 | **Wohnung 6** | frei | 600,00 € |
| 8 | **Wohnung 7** | vermietet | 700,00 € |
| 9 | **Wohnung 8** | vermietet | 800,00 € |
| 10 | **Wohnung 9** | vermietet | 900,00 € |
| 11 | **Wohnung 10** | Renovierung | 1.000,00 € |
| 12 | **Wohnung 11** | vermietet | 1.100,00 € |
| 13 | **Wohnung 12** | vermietet | 1.200,00 € |
| 14 | **Wohnung 13** | vermietet | 1.300,00 € |
| 15 | | | |
| 16 | | | |
| 17 | **Summenauswertung** | | |
| 18 | vermietet | | |
| 19 | frei | | |
| 20 | Renovierung | | |

Im Assistenten sind die beiden ersten Eingabefelder so auszufüllen wie eben schon gehabt. Aber Ihnen fällt vielleicht auf, dass die Schrift bei **Summe_Bereich** dünner gesetzt ist als bei den anderen. Das heißt, dass Excel hier nicht auf eine Eingabe besteht, man kann dieses Feld auch leer lassen. Im Klartext: Excel möchte zwar wissen welcher Bereich angesehen werden muss, es verzichtet dann aber gern darauf auch etwas damit zu tun. Ein menschlicher Zug in der Software.

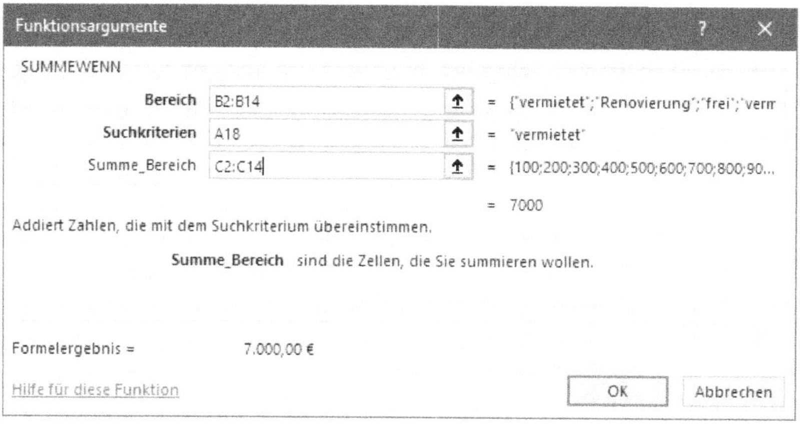


Jedenfalls sollten nach Klick auf **OK** 7000,-€ für vermietete Wohnungen ausgewiesen werden.

Wenn Sie sich mit Bezügen auskennen, können Sie sie anpassen und die Zelle runterziehen bis in die Renovierungszeile. Falls nicht, erstellen Sie sie jeweils neu, um auch die anderen Ergebnisse zu erfahren. Zum Testen können Sie dann die Einträge in der Spalte **B** nach Belieben ändern.

# 7 SVERWEIS()

Der **SVERWEIS()** ist eine Funktion, die oft mit großem Respekt betrachtet wird. Das ist eigentlich unnötig, denn sie arbeitet so, wie es auch ein Mensch mit dem Finger auf dem Papier machen würde und ist deshalb ganz gut nachzuvollziehen. Das S im SVerweis steht übrigens für „senkrecht“, was auch die häufigste Verwendung ist. Es gibt noch einen **WVERWEIS()** der ganz genau so funktioniert, nur eben waagerecht, um 90° gedreht. Er ist deutlich seltener.

Der **SVERWEIS()** ist ein gängiges Werkzeug zum Finden von Einträgen in Listen und Tabellen. Allerdings hat er gewisse Haken, die unterschiedlich offensichtlich sind und die wir uns deshalb hier auch genau ansehen werden.

Beginnen wir also mit einer kleinen Liste von Artikeln. Wenn in die Zelle **A12** eine der Nummern eingegeben wird, sollen daneben Artikelname und Preis ganz von selbst erscheinen.

| | A | B | C |
|---|---|---|---|
| 1 | Artikelliste | | |
| 2 | | | |
| 3 | Nr. | Artikel | Preis |
| 4 | 1 | Schuh | 50,00 € |
| 5 | 2 | Kleid | 99,00 € |
| 6 | 3 | Hose | 69,00 € |
| 7 | 4 | T-Shirt | 19,00 € |
| 8 | 5 | Bluse | 75,00 € |
| 9 | | | |
| 10 | | | |
| 11 | Nr. | Artikel | Preis |
| 12 | 2 | | |
| 13 | | | |

Wir brauchen in den Zellen **B12** und **C12** also eine Funktion, die in der Liste nachsieht, ob es dort die fragliche Nummer gibt und die dann die dazu gehörenden Werte liefert. Das ist der **SVERWEIS()**. Wichtig am an ihm ist immer, dass der zu suchende Wert unbedingt in der ersten Spalte des zu durchsuchenden Bereichs stehen muss. Wenn das gesichert ist, kann der Funktionsassistent mit der Kategorie **Nachschlagen und Verweisen** oder das Menüband ***Formeln / Nachschlagen und Verweisen*** aufgerufen werden.

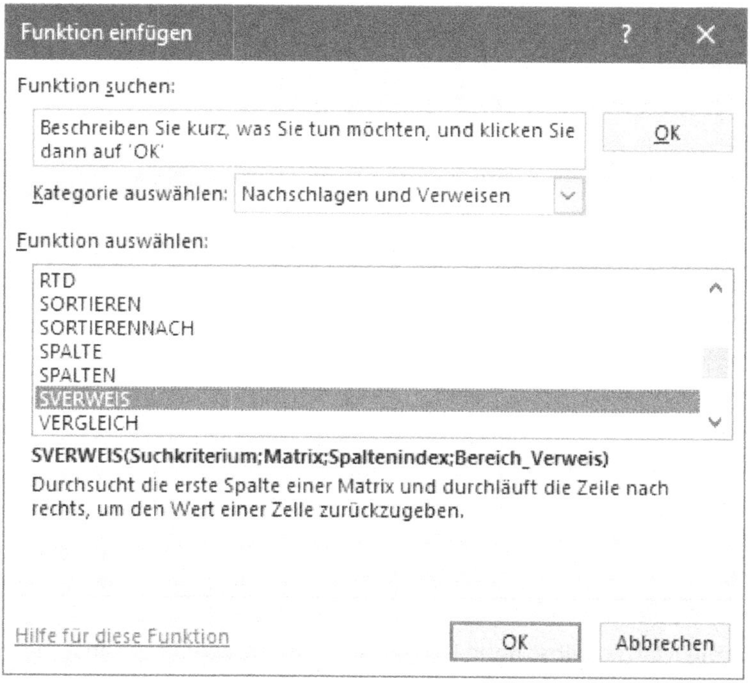


Mit Klick auf **OK** stehen wir im Funktionsdialog und können Excel mitteilen, was gefunden werden soll. Das **Suchkriterium** ist das, was in der Tabelle wiedergefunden werden soll – es steht also immer außerhalb der Datentabelle, die hier technisch **Matrix** genannt wird.

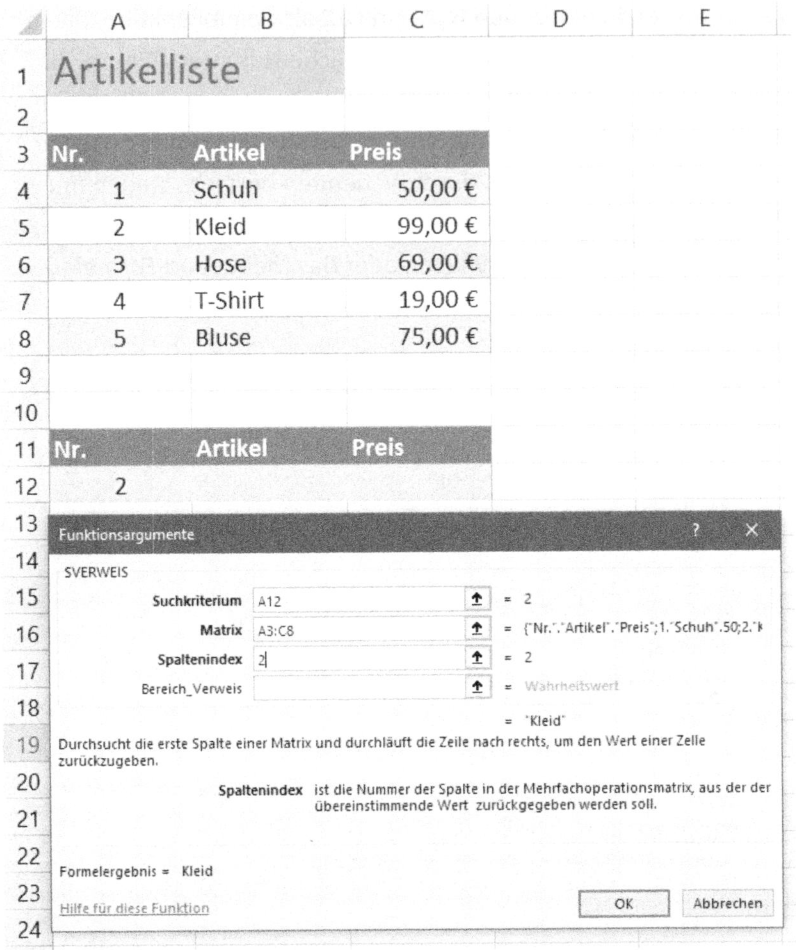


Für die Matrix selbst habe ich mir angewöhnt wie auch sonst fast immer die Kopfdaten mit hineinzunehmen. Hier ist das nicht zwingend nötig, an den meisten anderen Stellen schon. Aber wenn ich ein Verfahren verwende das immer funktioniert, brauche ich mir keine Ausnahmen zu merken. Ich setze hier also **A3:C8** ein.

Der Spaltenindex erwartet eine Zahl für die Nummer der Spalte innerhalb der Matrix. Also nicht etwa auf dem ganzen Tabellenblatt. Hier also die **2**.

Es gibt dann noch ein weiteres Eingabefeld, das aber – am Dünndruck erkennbar – nicht ausgefüllt werden muss. Das sehen wir uns später an. Jetzt reicht ein Klick auf **OK**. Auch bei Ihnen sollte jetzt das Kleid gefunden worden sein.

| | | | |
|---|---|---|---|
| 10 | | | |
| 11 | Nr. | Artikel | Preis |
| 12 | 2 | Kleid | |
| 13 | | | |

In der Zelle **C12** soll der Preis erscheinen – dazu müssen Sie an den Eingaben von oben nur den Spaltenindex ändern. Diesmal brauchen wir die 3 für die dritte Spalte der Matrix. Wenn Sie alles fertig haben, testen Sie verschiedene Eingaben in der Zelle **A12** durch. Die Sache sollte jeweils stimmen.

| | | | |
|---|---|---|---|
| 10 | | | |
| 11 | Nr. | Artikel | Preis |
| 12 | 1 | Schuh | 50,00 € |
| 13 | | | |

Jetzt testen Sie einmal was passiert, wenn Sie eine Zahl eintippen, die in der Liste oben gar nicht existiert.

| | A | B | C |
|---|---|---|---|
| 1 | Artikelliste | | |
| 2 | | | |
| 3 | Nr. | Artikel | Preis |
| 4 | 1 | Schuh | 50,00 € |
| 5 | 2 | Kleid | 99,00 € |
| 6 | 3 | Hose | 69,00 € |
| 7 | 4 | T-Shirt | 19,00 € |
| 8 | 5 | Bluse | 75,00 € |
| 9 | | | |
| 10 | | | |
| 11 | Nr. | Artikel | Preis |
| 12 | 9 | Bluse | 75,00 € |

Hier stimmt ja wohl etwas nicht. Zwar gibt es diese Artikelnummer in der Liste nicht, gefunden werden Details dazu aber trotzdem. Das liegt daran, dass Excel immer annimmt, dass die Liste aufsteigend sortiert ist und der Wert darin unbedingt gefunden werden muss – notfalls ein Näherungswert. Es gibt Szenarien, in denen man das möchte, die sind aber selten. Wenn wir davon ausgehen, dass der Suchbegriff immer genau getroffen werden muss und kann, sollten wir uns noch einmal um die Eingabemaske kümmern. Klicken Sie dazu in den Funktionsnamen in der Ergebniszelle und dann auf das Symbol des Funktionsassistenten.

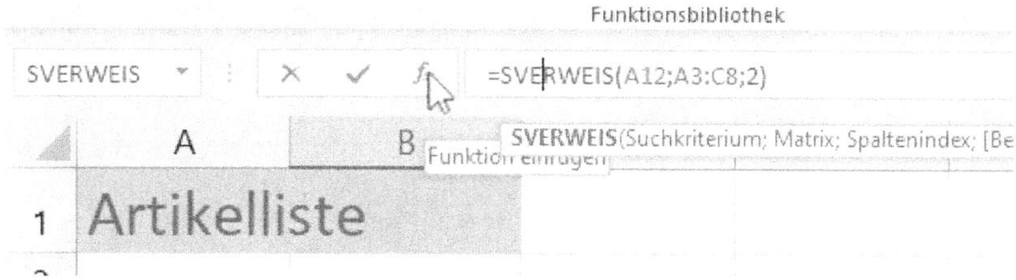


Um dafür zu sorgen, dass immer exakt der gesuchte Wert gefunden wird und keine missverständlichen Angaben geliefert werden, schreiben Sie in die unterste Eingabezeile des Funktionsargumentefensters jetzt **FALSCH**, um die beschriebene Grundannahme zu korrigieren. Hierzu empfehle ich gern einen etwas schrägen Slogan:

**FALSCH ist immer richtig!**

Es mag Situationen mit Ausnahmen geben, gesehen habe ich noch keine. Mit dieser Angabe jedenfalls wird sichergestellt, dass bei nicht gefundenen Angaben ein Fehlerwert angezeigt wird - nicht eine irreführende Auskunft gegeben wird.

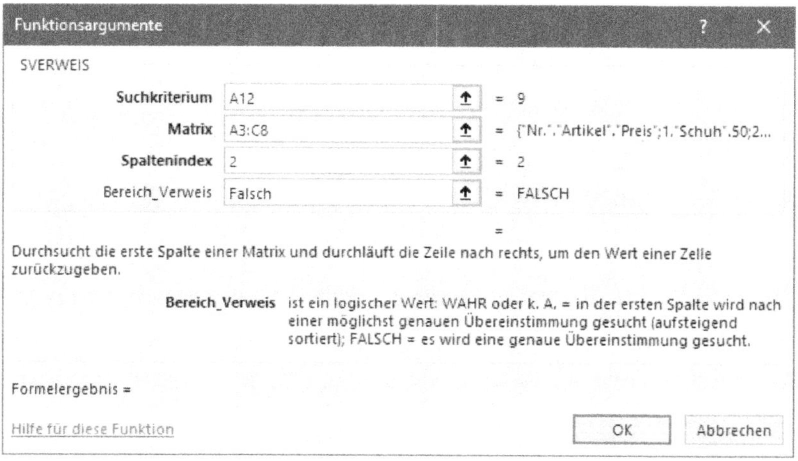

In beide Zellen eingegeben, führt das bei nicht gefundener Nummer zu einer definierten Fehlermeldung.

| | | | |
|---|---|---|---|
| 10 | | | |
| 11 | **Nr.** | **Artikel** | **Preis** |
| 12 | 9 | #NV | #NV |
| 13 | | | |

Diese Meldung besagt, dass kein passender Wert gefunden wurde. Sofern diese Fehlermeldung Sie stört und Sie lieber dort gar nichts oder einen aussagekräftigen Text lesen möchten, kann die Mitteilung jetzt noch auf verschiedene Art verschönert werden.

Als Beispiel lassen wir eine entsprechende Meldung in **B12** anzeigen, wenn eigentlich die Fehlermeldung erscheinen würde, **C13** soll dann einfach leer bleiben. Dazu brauchen wir ein Schachtelkonstrukt, das vorher abprüft, ob ein **#NV**-Fehler entstehen würde. In dem Fall würde eine Meldung ausgegeben. Nur falls kein Fehler gefunden wird, wird der SVerweis tatsächlich ausgeführt. Dafür wickeln wir ihn in eine **WENN()**-Funktion.

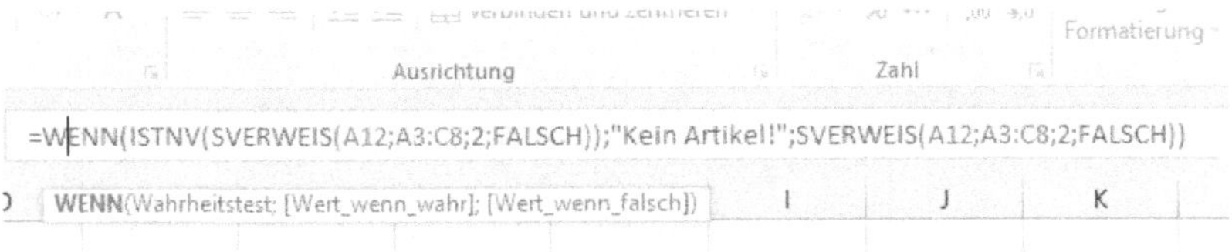


Übersichtlicher ist hier sicher die Anzeige im Assistentenfenster. Beim Wahrheitstest fängt **ISTNV()** die Fehlermeldung ab. In die Zelle **B12** lasse ich eine Meldung ausgeben, in **C12** nur einen leeren Text.

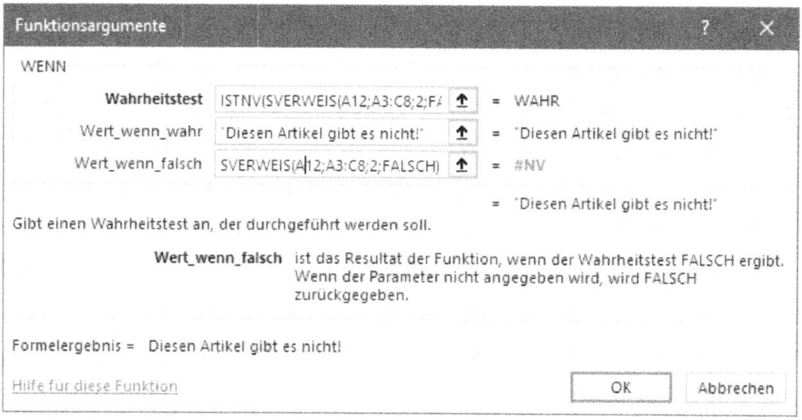


Das Ergebnis wäre dann bei falscher Zahl in **A12**:

| | | | |
|---|---|---|---|
| 2 | | | |
| 3 | **Nr.** | **Artikel** | **Preis** |
| 4 | 1 | Schuh | 50,00 € |
| 5 | 2 | Kleid | 99,00 € |
| 6 | 3 | Hose | 69,00 € |
| 7 | 4 | T-Shirt | 19,00 € |
| 8 | 5 | Bluse | 75,00 € |
| 9 | | | |
| 10 | | | |
| 11 | **Nr.** | **Artikel** | **Preis** |
| 12 | 9 | Diesen Artikel gibt es nicht! | |
| 13 | | | |

Diese Variante ist sicherlich die Lösung für Sportliche. Ich persönlich finde es so am elegantesten. Es spricht aber auch nichts dagegen eine andere Lösung zu wählen oder die Fehlermeldung schlicht stehen zu lassen, wenn sie nicht stört. Wichtig ist an dieser Stelle nur, dass Sie missverständliche Auskünfte ausschließen.

Sehen wir uns jetzt noch ein weiteres Beispiel an. Wir haben hier also eine ungeordnete Liste, die sortiert werden soll. An Ort und Stelle geht das in diesem Fall nicht, weil es sich um Ergebnisse beim Sportfest handelt und die Excel-Tabelle als Seriendruck-Datenbank für den Urkundendruck dient. Vorbereitet ist also eine Liste, die zunächst nur die Namen enthält. Daneben eine zweite Liste, in der die Platzierungen vorgesehen sind und die dann selbsttätig die Teilnehmer heraussucht, die die entsprechenden Plätze erzielt haben. In der ersten Tabelle müssen wir eine etwas unorganische Reihenfolge wählen, da der SVerweis sein Suchkriterium immer in der ersten Spalte der Matrix sucht. Ebenso habe ich eine Funktion mitgeliefert, die je nach erzielten Punkten der Teilnehmer den entsprechenden Platz berechnet. Darum müssen wir uns hier also nicht kümmern.

WENN | =RANG.GLEICH(B2;$B$2:$B$11)

RANG.GLEICH(Zahl; Bezug; [Reihenfolge])

| | A | B | C | D | E | F |
|---|---|---|---|---|---|---|
| 1 | Platz | Punkte | Teilnehmer | | Platz | Teilnehmer |
| 2 | =RANG.GLE | 105 | Katrin Krüger | | 1 | |
| 3 | 1 | 619 | Wladimir Butin | | 2 | |
| 4 | 5 | 267 | Özlem Bulut | | 3 | |
| 5 | 6 | 178 | Nadine Krause | | 4 | |
| 6 | 4 | 454 | Mehmet Görgün | | 5 | |
| 7 | 8 | 153 | Thomas Schneider | | 6 | |
| 8 | 7 | 172 | Jennifer Liebscher | | 7 | |
| 9 | 9 | 136 | Michael Golotkowski | | 8 | |
| 10 | 2 | 584 | Konstantin Hinterhuber | | 9 | |
| 11 | 3 | 468 | Anna Kaden | | 10 | |
| 12 | | | | | | |

Für diesen Fall müssen Ihnen die verschiedenen Bezugsarten oder aber die Verwendung von Namen vertraut sein. Bei Bedarf finden Sie eine ausführliche Erklärung im Band „Arbeit für Doofe sparen“. Wir werden die Aufgabe hier mit absoluten Bezügen lösen.

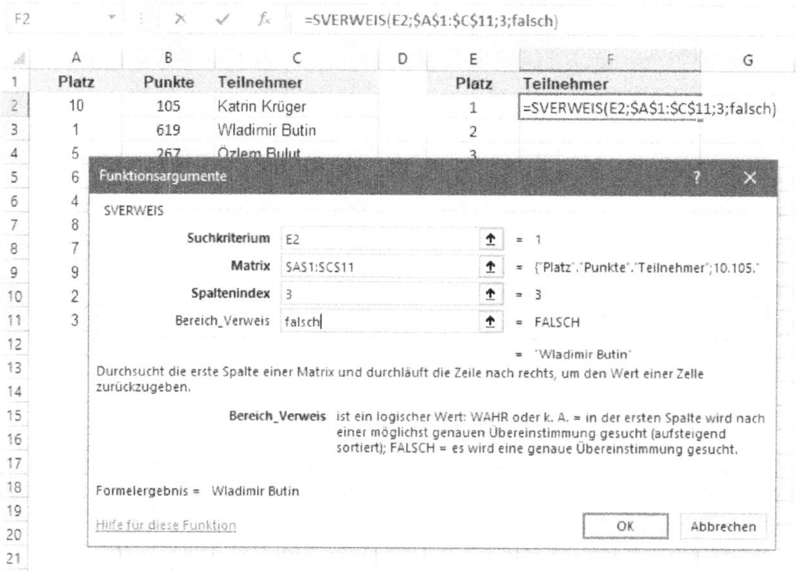


Wir müssen hier mittels der Dollarzeichen den Bezug auf die Matrix absolut setzen, damit wir die Gleichung runterziehen können und nicht in jeder Zeile neu eintippen. Das Suchkriterium ist hier in der Spalte **E** zu finden, ein jeweils anderes pro Eintrag. Daher gleitet das Suchkriterium diesmal mit der Liste.

In dieser nicht sortierten Liste – man weiß ja vorher nicht, wer auf welchem Rang landet – ist es besonders wichtig, den Bereichsverweis auf **FALSCH** zu setzen. Sie erhalten sonst eine sehr eigenartige Auflistung, probieren Sie es ruhig einmal aus.

Wie Sie sehen, kann man mit dem SVerweis schon schöne Ergebnisse erzielen, wenn man daran denkt, das **FALSCH** jeweils einzusetzen und die Listen eine geeignete Struktur aufweisen. Manchmal lässt sich das lösen, manchmal nicht. Falls sich das Strukturproblem nicht lösen lässt, gibt es jetzt die neue Funktion **XVERWEIS()**, die uns die alten Fußangeln erspart. Bevor wir dazu kommen, bohren wir aber den SVerweis noch etwas auf. Wir wollen einen Eintrag nur dann ausgeben lassen, wenn auch eine zweite Bedingung erfüllt ist.

Gegeben ist diesmal eine Artikeltabelle, in der ich suchen möchte, ob Waren mit bestimmten Eigenschaften vorhanden sind und welche Artikelnummer sie haben.

| B | C | D | E | F | G |
|---|---|---|---|---|---|
| Größe | Farbe | Artikel | | | |
| 44 | blau | 1 | | Größe | 42 |
| 38 | rot | 2 | | Farbe | rot |
| 42 | weiß | 3 | | | |
| 48 | blau | 4 | | | |
| 34 | weiß | 5 | | Artikel: | |
| 50 | rot | 6 | | | |
| 42 | rot | 7 | | | |
| 40 | gelb | 8 | | | |
| 36 | blau | 9 | | | |
| 42 | bunt | 10 | | | |
| 38 | rot | 11 | | | |
| 44 | weiß | 12 | | | |
| 48 | schwarz | 13 | | | |
| 40 | braun | 14 | | | |
| 56 | grün | 15 | | | |
| 38 | blau | 16 | | | |
| 46 | blau | 17 | | | |
| 50 | schwarz | 18 | | | |
| 40 | weiß | 19 | | | |

Allein mit dem SVerweis ist das nicht zu leisten. Wir brauchen dazu einerseits eine weitere Funktion, die in die Abfrage geschachtelt wird. Beginnen wir mit dem SVerweis, um den ersten Artikel mit Größe 42 zu finden.

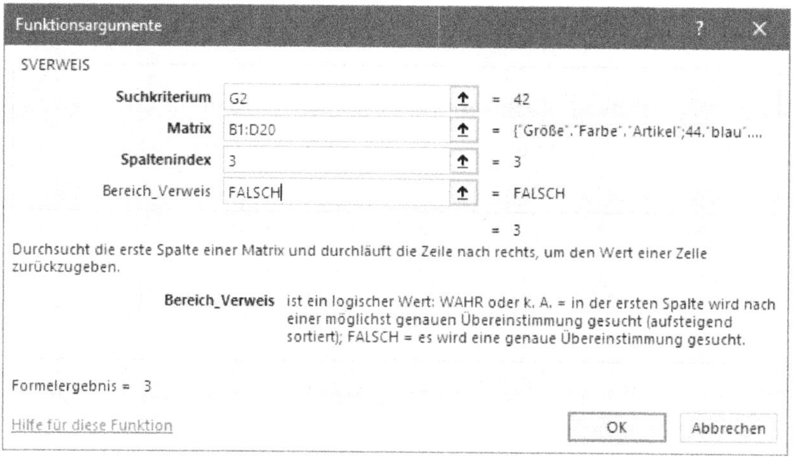


Mit diesen Angaben in Zelle **G6** wird Artikel 3 gefunden, der zwar Größe 42 hat, aber in Weiß. Wollen wir auch die Farbe abfragen, und zwar gleichzeitig, müssen wir in das **Matrix**-Feld eine Wenn-Funktion schachteln. **Wert_wenn_falsch** bleibt hier leer.

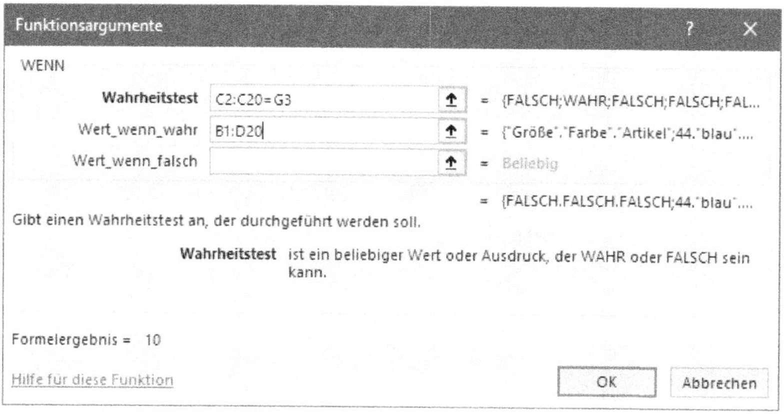

Ein Klick auf **OK** und ein paar Tests werden zeigen, dass die Sache mindestens dann funktioniert, wenn es in der gewünschten Größe und Farbe einen Artikel gibt. Wo nicht, gibt es die schon besprochene Fehlermeldung, die man dann auch wieder abfangen kann.

Was sich aber nicht leicht erahnen lässt: so einfach funktioniert die Sache nur bei Nutzern von Excel 365. Jedes andere Excel bis einschließlich 2019 liefert mit diesem Verfahren falsche Ergebnisse! Hierin enthalten ist nämlich eine Mehrfachberechnung, die diese Versionen nur auf speziellen Wunsch hin ausführen. Und dieser Wunsch kann ausschließlich über einen bestimmten Tastendruck klargemacht werden - auch wenn die Anzeige in der Eingabezeile so scheint, als gäbe es da noch Alternativen.

Zunächst also muss die Eingabe einmal abgeschlossen werden, damit die Anzeige so aussieht:

Mit diesem Stand funktioniert die Funktion bei allen Nutzern von Excel 365. Soll damit auch noch in anderen Versionen gearbeitet werden, muss noch einmal in die Eingabezeile geklickt werden und dann gleichzeitig auf **SHIFT + STRG + ENTER**. Das Ergebnis sieht jetzt so aus und funktioniert nun auch für Vorversionen:

Es handelt sich bei diesem Verfahren um eine Mehrfachberechnung, eine Matrixfunktionalität. Wie man sieht, ist sie in der Handhabung deutlich einfacher geworden.

Das eine eingeschachtelte **WENN()** erlaubt das Abfragen einer zweiten Bedingung. Wo nötig, können 7 weitere **WENN()** eingebaut werden und damit 8 Bedingungen abgefragt. Wer unbedingt scharf darauf ist, kann statt des **WENN()** auch das besprochene **ERSTERWERT()** verwenden und landet dann bei bis zu 127 verschiedenen gleichzeitig zu erfüllenden Bedingungen. Sinn haben dürfte das nur ganz selten. Hier ist man normalerweise mit Pivottabellen erheblich besser bedient.

Ohnehin habe ich den SVerweis hier hauptsächlich deshalb besprochen, weil er sehr bekannt ist und schon aus Gründen der Kompatibilität sicher noch lange verwendet werden wird. Und auch deshalb, damit Sie die Vorzüge des XVerweises im kommenden Kapitel richtig zu würdigen wissen - also machen wir uns daran und sehen nach, was so toll an dem ist!

# 8 XVERWEIS()

Die Funktion **XVERWEIS()** ist eine lange herbeigesehnte Verbesserung und Modernisierung des SVerweises. An die fehlende Fehlermeldung und die vermutete Sortierung kann man sich sicher gewöhnen. Aber man kann nicht immer eine Tabelle umsortieren, um den Suchwert in die erste Spalte zu setzen. Und manchmal möchte man ja auch nicht nur einen Wert aus der Tabelle ziehen, sondern vielleicht die ganze Zeile. Das kann man mit dem SVerweis und angepassten Bezügen vielleicht noch annehmbar kopieren, aber verschönerungsfähig ist die Sache schon. Sehen wir uns das also zunächst am Beispiel der hier leicht geänderten Wettkampftabelle aus dem vorigen Kapitel an.

| | A | B | C | D | E | F | G |
|---|---|---|---|---|---|---|---|
| 1 | Teilnehmer | Punkte | Platz | | Sortiert | | Punkte |
| 2 | Katrin Krüger | 105 | 10 | | 1 | | |
| 3 | Wladimir Butin | 619 | 1 | | 2 | | |
| 4 | Özlem Bulut | 267 | 5 | | 3 | | |
| 5 | Nadine Krause | 178 | 6 | | 4 | | |
| 6 | Mehmet Görgün | 454 | 4 | | 5 | | |
| 7 | Thomas Schneider | 153 | 8 | | 6 | | |
| 8 | Jennifer Liebscher | 172 | 7 | | 7 | | |
| 9 | Michael Golotkowski | 136 | 9 | | 8 | | |
| 10 | Konstantin Hinterhuber | 584 | 2 | | 9 | | |
| 11 | Anna Kaden | 468 | 3 | | 10 | | |
| 12 | | | | | | | |

Wir haben jetzt also die Reihenfolge der Spalten in der Ausgangstabelle so geändert, wie sie organischer angelegt wäre. Die Plätze sind errechnet wie vorher auch. Wenn die zweite Tabelle jetzt mit dem XVerweis danach sortiert, ist das egal, der Suchbegriff kann überall stehen. Und außerdem wollen wir jetzt noch die Angabe der erzielten Punkte.

Wir finden den **XVERWEIS()** in der Registerkarte **Formeln** unter **Nachschlagen und Verweisen**. Und wie vorher auch, muss die Funktion zunächst wissen, was gesucht werden soll. Dann aber muss noch der Bereich - normalerweise die Spalte - angegeben werden, wo der Wert gefunden werden soll.

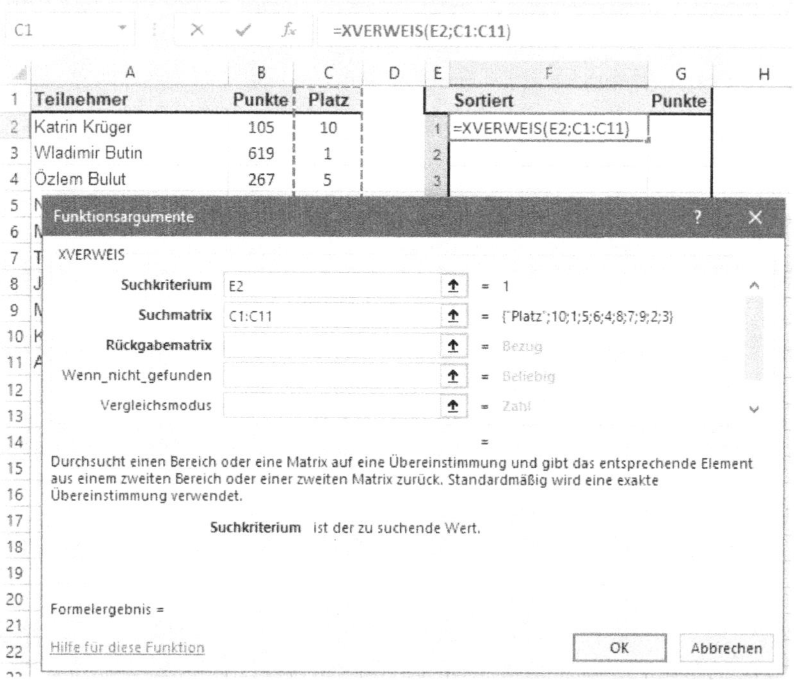


Bei der **Rückgabematrix** folgt dann das erste kleine Highlight: wir können gleich mehrere Zellwerte einsetzen lassen, hier also den Namen mit dazugehörigen Punkten. Das spart Aufwand in dem recht häufigen Fall, dass man mehr als eine Spalte zum gesuchten Wert auslesen möchte. Der Wert wird sich hier gleich in Spalte **G** einblenden, trotzdem wir dort gar nichts eingeben.

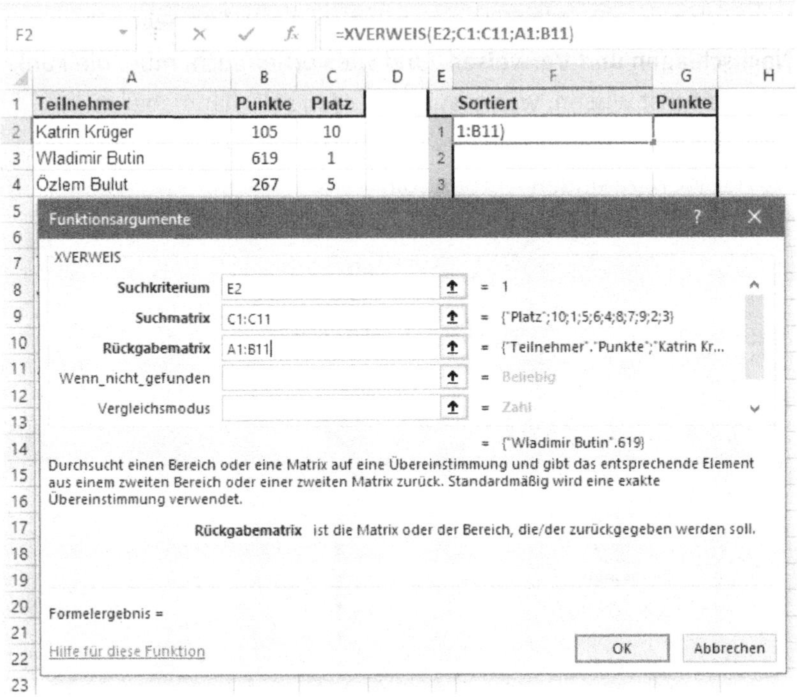


Falls ein gesuchter Wert nicht gefunden wird, können wir jetzt auch gleich eine beliebige Fehlermeldung vorsehen, wieder in Anführungszeichen eingeschlossen.

Es gibt jetzt noch zwei weitere Eingabezeilen im Dialogfenster, die wir momentan nicht brauchen. Deren Funktion besprechen wir etwas später. Vorerst sind wir fertig. Da wir die Gleichung aber bis in die Zeile 11 herunterziehen wollen, müssen wir die Bezüge der **Suchmatrix** und der **Rückgabematrix** noch absolut setzen, damit kein Unsinn gesucht und gefunden wird. Die Dollarzeichen können per Hand oder mit der Funktionstaste **F4** gesetzt werden.

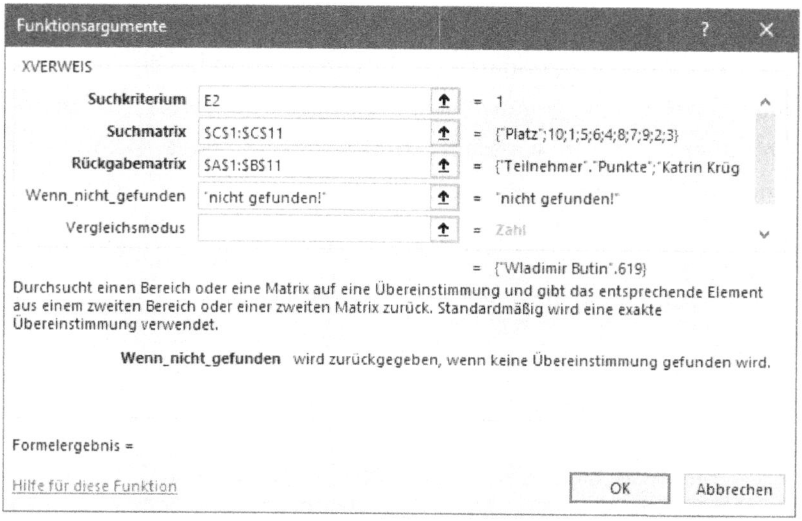


Wenn Sie jetzt mit **OK** abschließen, wird zunächst der Erstplatzierte gefunden und mit Namen und Punktzahl eingetragen. Wenn Sie dann das Ergebnis mit der rechten Maustaste herunterziehen, können Sie die Formel ohne die Formatierung kopieren.

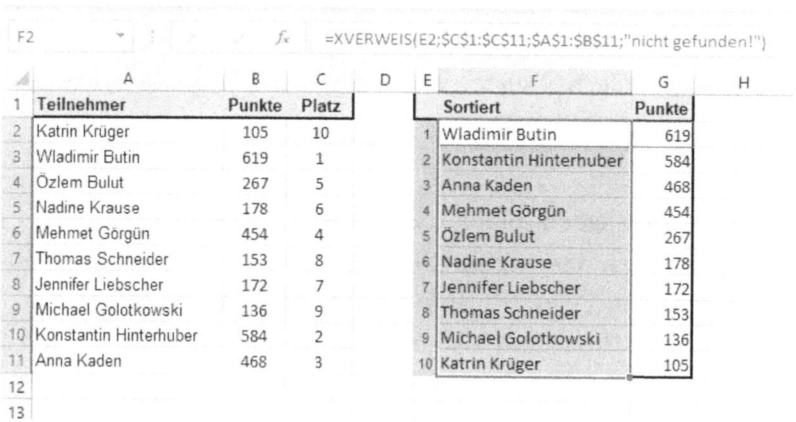


| | A | B | C | D | E | F | G | H |
|---|---|---|---|---|---|---|---|---|
| 1 | Teilnehmer | Punkte | Platz | | | Sortiert | Punkte | |
| 2 | Katrin Krüger | 105 | 10 | | 1 | Wladimir Butin | 619 | |
| 3 | Wladimir Butin | 619 | 1 | | 2 | Konstantin Hinterhuber | 584 | |
| 4 | Özlem Bulut | 267 | 5 | | 3 | Anna Kaden | 468 | |
| 5 | Nadine Krause | 178 | 6 | | 4 | Mehmet Görgün | 454 | |
| 6 | Mehmet Görgün | 454 | 4 | | 5 | Özlem Bulut | 267 | |
| 7 | Thomas Schneider | 153 | 8 | | 6 | Nadine Krause | 178 | |
| 8 | Jennifer Liebscher | 172 | 7 | | 7 | Jennifer Liebscher | 172 | |
| 9 | Michael Golotkowski | 136 | 9 | | 8 | Thomas Schneider | 153 | |
| 10 | Konstantin Hinterhuber | 584 | 2 | | 9 | Michael Golotkowski | 136 | |
| 11 | Anna Kaden | 468 | 3 | | 10 | Katrin Krüger | 105 | |
| 12 | | | | | | | | |
| 13 | | | | | | | | |

Das ist schon mal um einiges eleganter als der SVerweis! Wir brauchen hier auch keine unpassenden Standardwerte bei der Suche anzupassen, denn die genaue Suche ist jetzt Standardwert. Nur wenn ich Näherungswerte wünsche, muss ich im Feld **Vergleichsmodus** Eingaben machen:

**-1** zeigt das nächstkleinere Element an, wenn eine genaue Übereinstimmung nicht gefunden wurde

**1** zeigt das nächstgrößere Element an, wenn eine genaue Übereinstimmung nicht gefunden wurde

**2** bietet sogar eine Platzhalterübereinstimmung an! Hierbei kann das Suchkriterium mit den bekannten Platzhaltern wie * und **?** z.B. durch **M?ier** sowohl **Maier** als auch **Meier** finden.

Und schließlich könnte ich im untersten Eingabefeld **Suchmodus**, zu dem man im Funktionsargumentefenster noch etwas herunterscrollen muss, sogar noch Spezialwünsche hinterlegen.

**1** ist die Standardeinstellung und sucht von oben nach unten. So wird auch gesucht, wenn die Eingabe freigelassen wird.

**-1** sucht von unten nach oben

**2** setzt zwingend voraus, dass der zu durchsuchende Bereich aufsteigend sortiert ist. Diese Eingabe beschleunigt die Ergebnisfindung, wird sich aber erst bei sehr großen Mengen auswirken. Unsortierte Listen führen zu ungültigen Ergebnissen.

**-2** setzt zwingend voraus, dass der zu durchsuchende Bereich absteigend sortiert ist. Sonst liefert sie ungültige Ergebnisse.

Hier wird also spätestens klar, dass die Möglichkeiten des XVerweises die des SVerweises ganz bedeutend übersteigen! Da wird es in Zukunft sicher noch sehr interessante Anwendungsfälle geben, die wir uns erst so Stück für Stück vorstellen können. Und wir können damit Aufgaben lösen, für die Anwender von Vorversionen noch deutlich größeren Aufwand treiben müssen.

# 9 Weiterführendes

In der Reihe „kurz & knackig" sind bisher erschienen:

Bd. 5: Bewegung!
Bd. 6: Die Nadel im Heuhaufen
Bd. 8: Mailings erstellen und selbst frankieren
Bd. 10: Teamarbeit
Bd. 11: Office 365 – Was gibt's Neues?
Bd. 12: Office 2019 – Was gibt's Neues?
Bd. 13: Outlook 2019 als persönliche Assistentin
Bd. 14: Arbeit für Doofe sparen
Bd. 15: Datenmassen bändigen
Bd. 16: Outlook 365 als persönliche Assistentin
Bd. 17: Fehler verhindern
Bd. 18: Excel auf der Landkarte
Bd. 20: Textverarbeitung für Studierende und Azubis
Bd. 21: Sofortiger Überblick
Bd. 22: Erklärvideos erstellen mit PowerPoint
Bd. 23: Das digitale Notizbuch - OneNote in Windows und Office
Bd. 24: Abfragen, SVerweis, XVerweis & Co.

... diese und alle neuen jeweils unter

**www.kurzundknackig.online und KurzUndKnackig**

Made in the USA
Monee, IL
04 November 2026

67386117R10046